140컷 그림으로 거침없이 읽는 바이블 잉글리시

거침없이 시리즈 4

성경과 영어를 동시에!

애로우 잉글리시

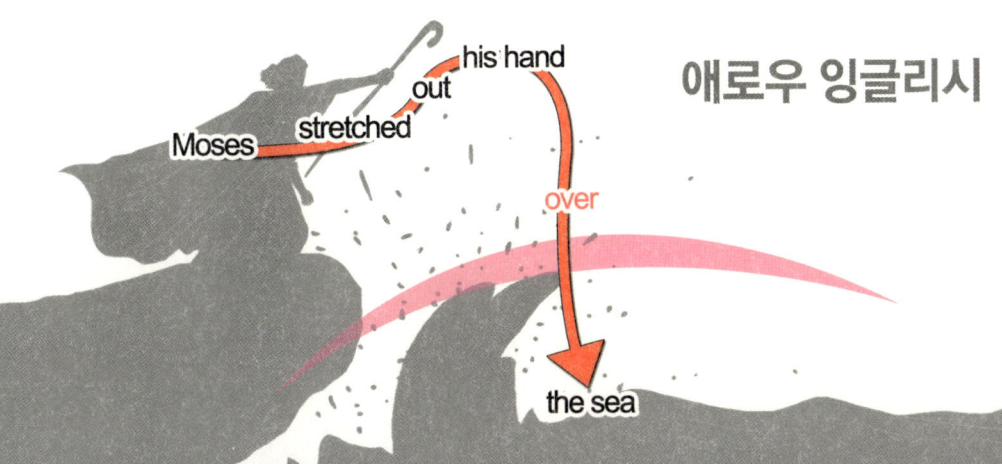

성경과 영어를 동시에!
140컷 그림으로 거침없이 읽는 바이블 잉글리시

지은이 최재봉
펴낸이 김병식
펴낸곳 애로우 잉글리시
등록 2013년 1월 18일
주소 서울 강남구 역삼동 831-24 예미프레스티지빌딩 3층 (135-080)

기획 및 책임 편집 김병식
디자인, 일러스트 이승철
채색 박경진

초판 2쇄 2014년 9월 5일 발행

값 12,000원

이 책 내용의 일부 또는 전부를 재사용하시려면 반드시 (주)애로우 잉글리시의 동의를 얻어야 합니다.
파본은 구입하신 서점에서 교환해 드립니다.

140컷 그림으로 거침없이 읽는 바이블 잉글리시

거침없이 시리즈 4

성경과 영어를 동시에!

애로우 잉글리시

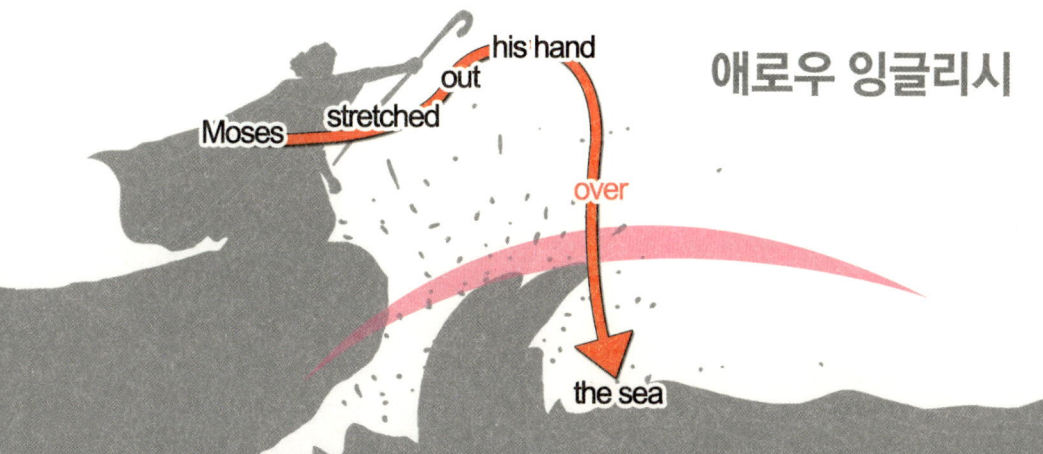

머리말

Preface

　　영어 학습법 개발과 강사로서 오랜 시간 몸담아 오면서 많은 주위의 크리스천들에게 자주 듣는 말은 "저도 영어로 성경을 좀 읽어 봤으면~"입니다. 그래서 영어를 가르치는 입장에서 어떻게 하면 그러한 바램이 이루어질 수 있을까 생각하던 차, 성경에서 누구나 다 아는 친근한 내용들을 가지고 영어를 알려준다면, 그렇게 해서 영어가 그렇게 어렵지 않다는 자신감을 조금만 심어 줄 수 있다면, 그것이야말로 가장 좋은 출발점이 아닐까 생각하게 되었습니다.

　　"나도 영어로 성경을 좀 읽어봤으면...", 하며 갈망할 때 사실 그 속에는 지난 상당기간 영어를 배워왔지만 실제 영어를 대할 때 또 영어성경을 펼쳤을 때 이해조차 쉽지 않고, 단어야 솔직히, 옆에 있는 한영대역 성경의 경우, 한글과 영어 단어를 비교해가면서 도움을 받을 수도 있지만, 가장 난감한 상태는 늘

다름 아닌, 단어를 알아도 이해가 잘 되지 않는 경우입니다. 문법이란 것을 배웠다 하더라도, 그 배운 문법 사항들이 도대체 실전에서는 어떻게 적용이 되는 지도 모르겠고, 또 반대로 문법책을 참고해 보려고 해도 어디에 해당되는 내용인지 도무지 알 수가 없죠. 한마디로 영어 앞에서 속수무책인 자신을 발견하게 되는 겁니다.

그래서 영어가 결코 어렵지 않고, 누구나 다 상식만 있다면 쉽게 배울 수 있고 또 더 나아가 성경을 영어로 읽는 꿈도 이룰 수 있다는 것을 보여 주고 싶어 이 책을 저술하기에 이르렀습니다. 물론 독자들 중에는 이미 애로우 잉글리시의 방식을 알고 읽으시는 분들도 있으실 것이고, 어떤 분들은 도대체 이 방법이 어떤 방법인지 생소한 분들도 있으실 겁니다. 그러나 어떤 사람이 독자가 되든 간에 별문제가 없는 바는, 내용을 따라가다 보면 자연스럽게 영어 자체가 어떻게 이루어진 언어인지 알게 되고, 쉽게 학습법도 익히게 된다는 점입니다.

　그림만 있으면 문법 없이 암기 없이 바로바로 말 만들 수 있는 영어!
　애로우 잉글리시의 독특한 학습법으로 만들어진 '바이블 잉글리시'를 경험하십시오!

　정말 무엇보다 기존의 복잡 다난한 문법 없이도 특별한 암기 없이도 140컷의 그림만 보면, 영어의 전체 숲을 보게 되며, 나아가서 영어 성경도 술술 읽을 수 있고, 말도 만들 수 있는 비법을 독자와 함께 아낌없이 나누고자 합니다.

　　　　　　　　　　　　　　　　　　　　　　최재봉

Contents

1 영어 성경 말씀, 문법을 몰라도 화살표만 따라가면 저절로 이해된다. ••••• **12p**

2 주어에서 가까운 순서대로 날아가는 것이 **영어식 사고**의 **핵심** ••••• **25p**

3 주어에서 힘이 나갈 때와 주어가 힘을 받을 때 ••••• **37p**

4 전치사에 대한 **잘못된 이해** 바로잡기 ••••• **51p**

5 전치사의 원어민식 기본 개념 ••••• **65p**

1

영어 성경 말씀, **문법**을 몰라도 **화살표**만 따라가면 **저절로 이해**된다.

보는 순서

보는 순서는 다음과 같다. <u>먼저 Preview(이렇게 해봐요)를 보면</u>, 주어에서부터 나오는 화살표를 발견할 수 있을 것이다. 눈으로 따라가 보자. 그리고 그 눈으로 따라간 순서대로 단어가 일대일(1:1)로 대응된다는 생각을 하고 따라가면 된다. 그리고 아래의 본 그림을 보자. 보고나면 정말로 그 순서대로 단어가 대응됨을 알게 될 것이다. **'문법을 몰라도 그림과 함께 주어에서부터 가까운 순서대로'** 라는 영어식 사고만 적용하면 저절로 이해되게 된다.

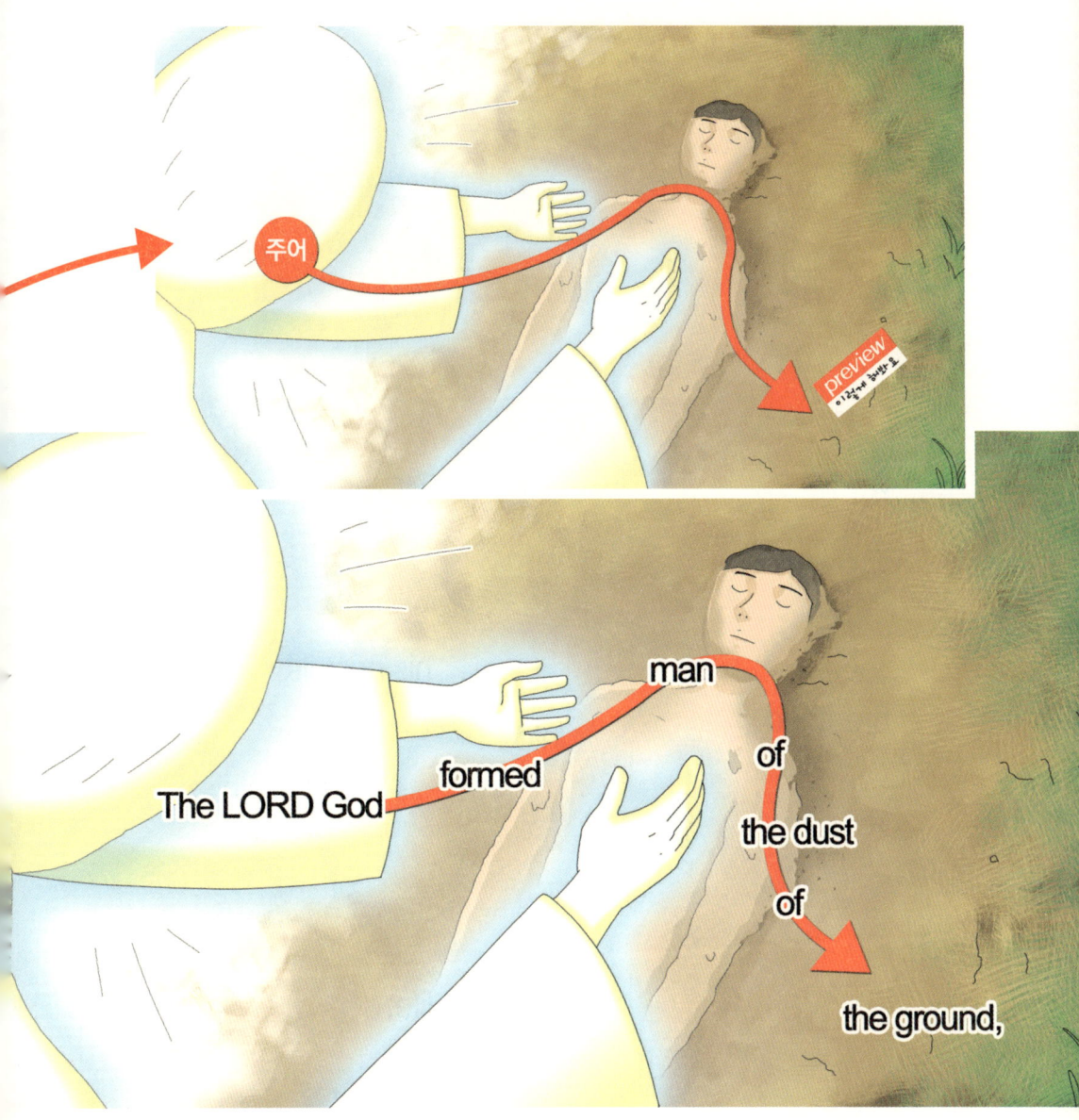

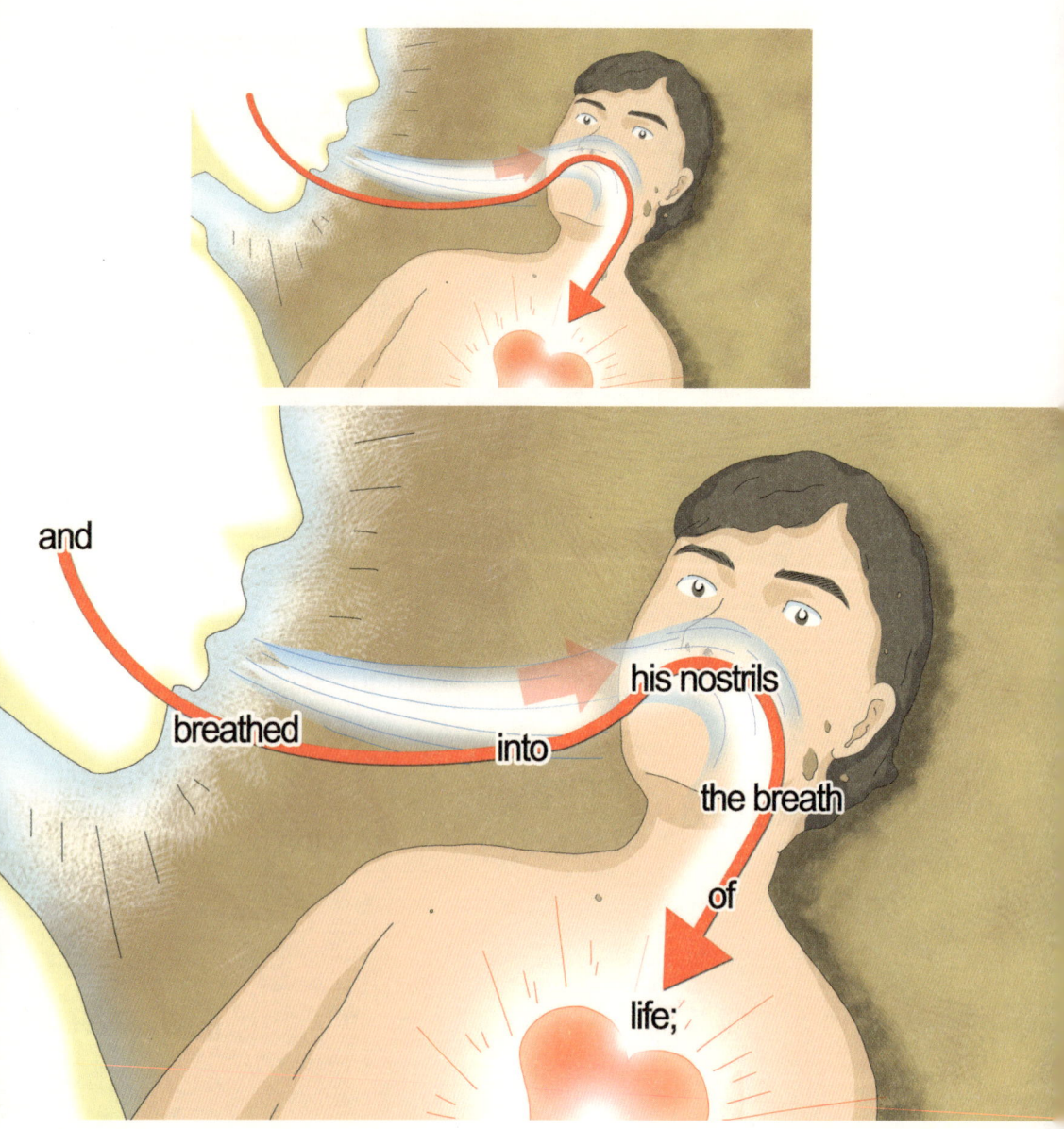

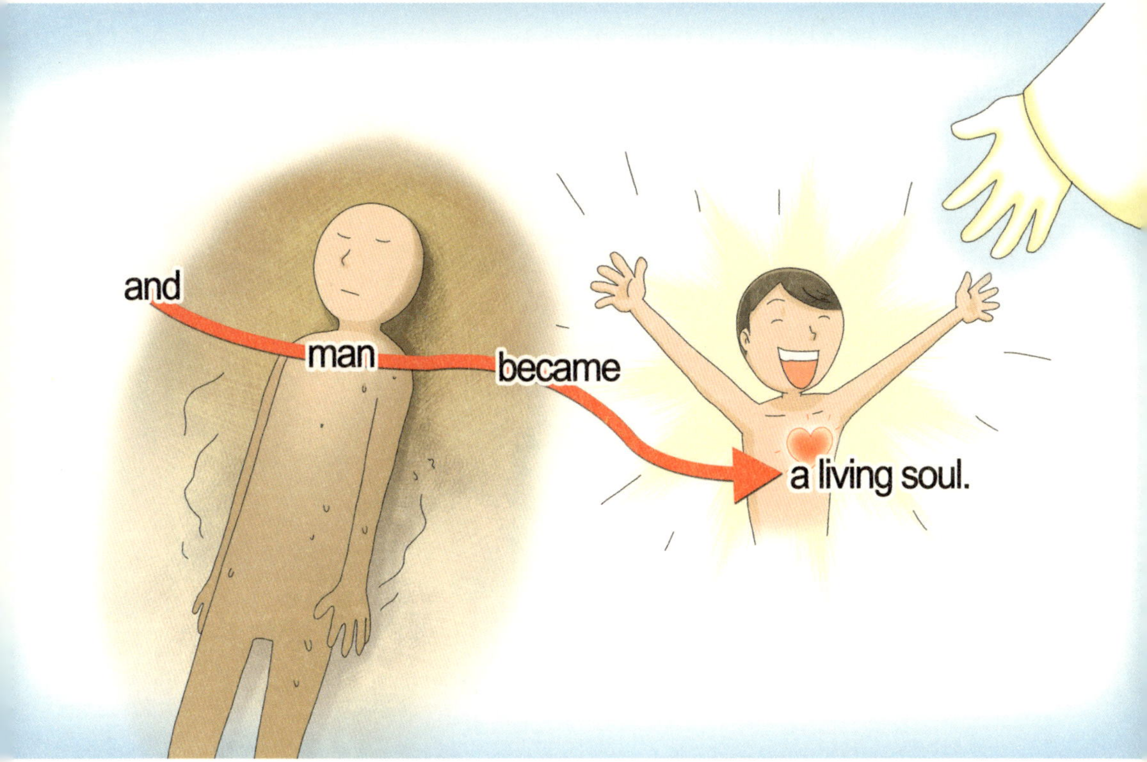

And the LORD God formed man of the dust of the ground, and breathed into his nostrils the breath of life; and man became a living soul.

창세기 2:7

영어 문장을 보면 많은 문법적 요소가 들어 있다. 아래에서 영어로 그대로 남겨 놓은 부분들은 문법적인 설명이 필요하지만, 그 나머지는 단어만 알면 되는 부분들이다. 일단 문법 다 모른다 치고, 그림에서 바로 인지되는 단어들만을 가지고 이해를 시도해 보자. 물론 단어들과 그에 해당하는 사진의 부분들을 서로 1대1로 대응 시켜 나가면서 말이다.

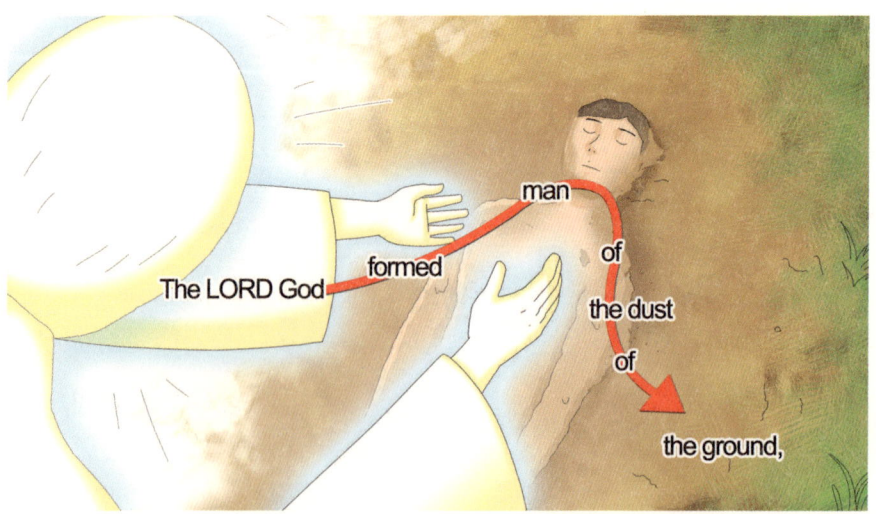

The LORD God formed man of the dust of the ground,
주 하나님 ▶ 만드셨다(형성하셨다) ▶ 사람 ▶ of ▶ 흙 ▶ of ▶ 땅

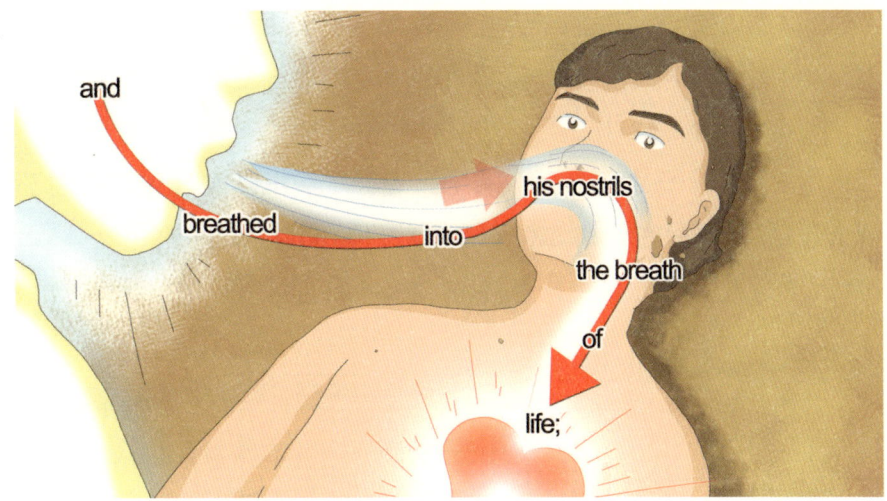

and breathed into his nostrils the breath of life;
그리고(하나님) ▶ 불어넣으셨다 ▶ into ▶ 그의 코 ▶ 숨 ▶ of ▶ 생명

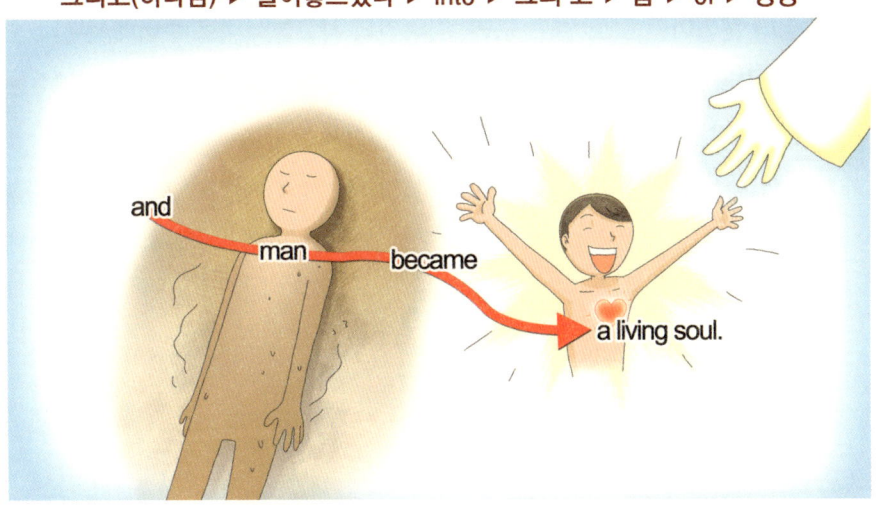

and man became a living soul.
그리고 ▶ 사람 ▶ 되다 ▶ 하나의 살아있는 혼

어떤가? 영어 그대로 놓아둔 단어들을 빼 놓고도, **문장 순서대로 따라가면서** 그림에서 직접 파악되는 단어들을 하나 하나 대응시켜 보니 전체적인 그림이 머릿속에 대충 그려지지 않는가? 이렇게 단어들만 순서대로 배열해 놓아도 어느 정도 이해가 될 수 있는 이유는, **영어 문장이 주어에서부터 한 단계 한 단계 확장해 나가면서 한 폭의 그림을 그려내기 때문이다.** 이러한 영어의 특성을 제대로 깨닫기만 하면, 때론 한국말보다 영어가 훨씬 더 쉬울 수 있다.

이제 영어로 남겨놓은 단어들은, 문법적 의미를 고민하지 말고 사진의 장면에서 이미 파악된 단어와 단어 사이를 그저 자연스럽게 연결한다는 기분으로 이해를 시도해 보자. 사실 이렇게 영어로 남겨 놓은 부분들은 여러분이 학교 문법시간에 그토록 지겹도록 배운 전치사, 접속사, 관계사, 분사구문들이다. **그러나 문법이란 것도 알고 보면, 원어민의 사고방식대로 주어에서부터 순서대로 그림을 그려가기 위한 도구이며, 단어와 단어를 자연스럽게 연결해주는 가장 효과적이고 유용한 도우미들일뿐이다.** 깊이 있는 분석을 요구하는 학습과 연구의 대상이 아니란 얘기이다. 기존 영어 공부에 진력이 나서 뭔가 문법적인 요소만 보이면 지레 겁을 집어 먹었던 과거는 잊고, 편하게 그림과 함께 설명을 따라가 보자.

 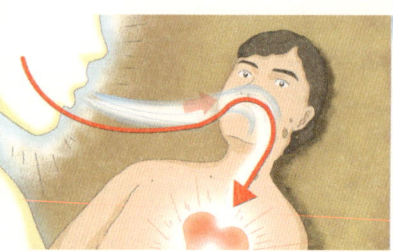 

그림만 보아도 그냥 문장이 저절로 이해된다.

앞에 나온 세가지 그림은 하나님께서 인간을 창조하시는 장면이다. 하나님께서 흙에 숨을 불어 넣으니 살아있는 혼이 되는 장면으로 매우 유명한 창세기 성경구절의 하나인데 영어성경으로 보면 그림과 함께 한가지 법칙(주어에서부터 순서대로)만 적용하면 저절로 이해될 수 있다.

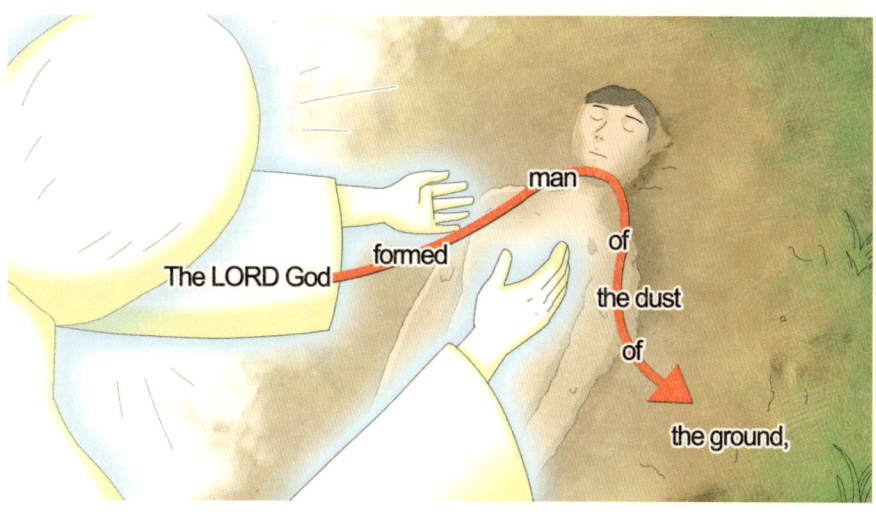

먼저 첫 번째 그림을 보면, 처음 나온 단어가 '**주 하나님**'이시다. '**주 하나님**'께서 하시는 동작을 보니 '**만들고(형성하고)**' 있으시다. 그리고 만들고 있으신 것이 무엇인가 보니 '**사람**'이다. 그 사람과 연관된 것(**of**), 즉 재료가 무엇인가 보니 '**흙**'이고 '**흙**'과 연관된 것(**of**)은 땅이다. 자, 하나님에서부터 시작해서 죽 이어져서 마지막 '땅'까지 확장되는 한 편의 움직임이 그림으로 자연스레 나타난다. 전체 그림의 동선을 주의 깊게 음미해보시기 바란다. 주어에서부터 단어가 나열된 순서와 그림 속에서 주어로부터 시작된 동선이 한 치도 어그러짐 없이 착착 일치되어 나가는 게 보이지 않는가? 아무리 복잡한 문장들이 뒤섞여 있는 듯해도, 이렇게 일련의 부분들이 차례차례 이어지면서 한 편의 움직이는 동영상을 만들어내는 것이 영어이다. 그림과 주어에서부터 시작된 동선을 통해, 전치사라는 문법 용어를 굳이 사용하지 않고도 주어에서부터 자연스럽게 순서대로 이해가 가능하다는 얘기다.

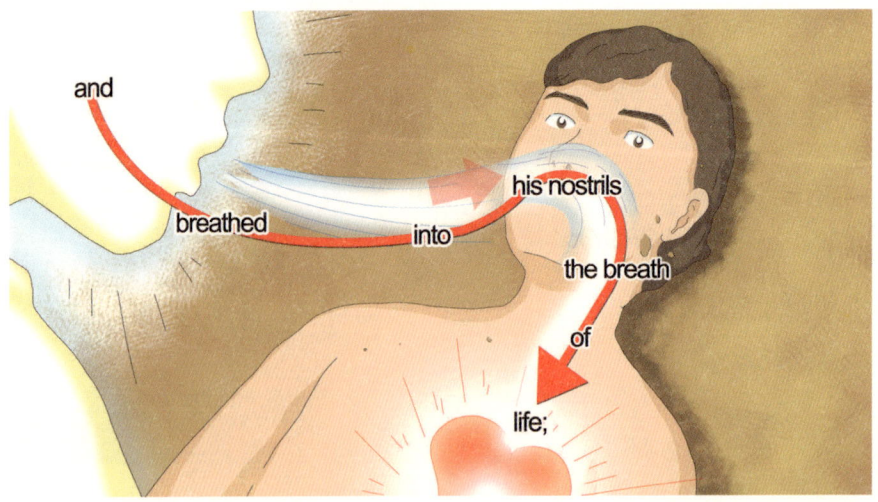

두 번째 그림도 주어에서 나오는 순서대로 생각해보면 '**하나님**'께서 주어(주인공)이시다. 앞서 언급되었기에 생략이 되어도 알 수 가 있다. '**하나님**'께서 하시는 동작을 보면 '**불어넣고 계시다**' 그래서 안으로 들어가는데(**into**) 둘러싼 것은 '**그의 코**'이고 깊숙이 들어 간 것은 바로 '**숨**'인데 연관된 것은(**of**) '생명'이다.

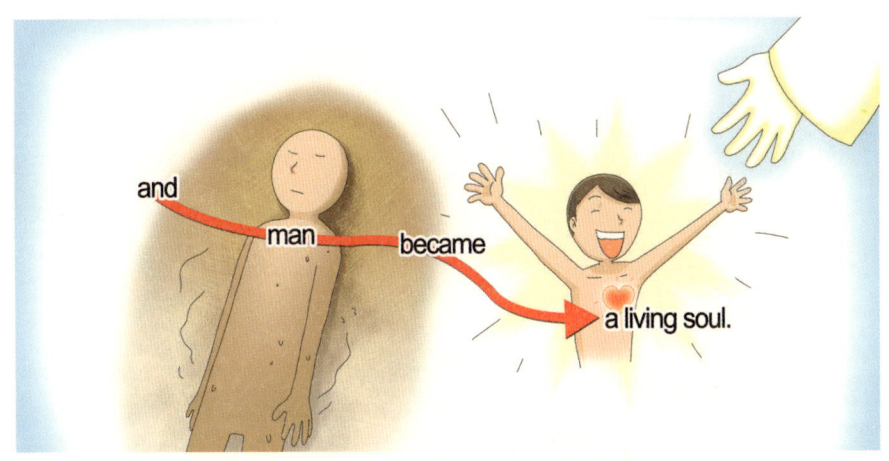

　세 번째 그림은 앞 그림의 결과, 주어인 '**사람**'이 '**존재하게 되었는데**' 그 바는 '**하나의 살아있는 혼**'이 되었다. 이렇듯 문법을 몰라도 주어만 확인하면 그림과 함께 주어에서부터 순서대로 당연히 나올 말들이 나오게끔 되어 있어서 **이해를 해 나가다 보면** 자연스럽게 영어가 이해가 되고, 영어문장을 암기하지 않아도 말이 만들어지게 되는 것이다.

　우리가 영어를 하는 일차적인 목적은 한국말로 멋들어지게 **번역**하는데 있는 것이 아님을 분명히 할 필요가 있다. 그건 번역 전문가들에게 맡기면 된다. 우리는 그저 영어를 읽거나 듣는 즉시 순서대로 알아듣고, 하고 싶은 말이 떠오르는 즉시 영어로 뱉어낼 수만 있으면 되는 것 아닌가.
　앞으로 여러 그림들을 통해, 영어가 어떻게 생겼는지를 있는 모습 그대로 구경하게 될 것이다. 그 과정에서 주어에서부터 순서대로 머릿속에다 그림(상황적 이미지) 그리는 법을 배우게 되고, 동시에 원어민이 어떻게 사고하는지를 저절로 익히게 될 것이다. 그것이 곧 살아 있는 문법이고, 실제로 사용 가능한 문법이다. 영어에서의 핵심은 '**주어에서 순서대로**'라는 사고를 가지고 다른 그림과 함께 한번 더 경험을 해보자.

A volunteer receives money from a woman in the market.

먼저 제일 처음 나온 단어가 '**한 자원 봉사자(A volunteer)**'이다. 그 자원 봉사자가 하고 있는 동작을 보니 '**받고 있다(receives)**'. 그리고 받는 것이 무엇인가 보니 '**돈(money)**'이다. 그 돈의 출처가(from) 어딘가 하면, '**한 여인(a woman)**'이다. 그리고 그 일이 벌어지는 장소는(in) '**시장(the market)**'이다. 이처럼, **a volunteer**(한 자원 봉사자)에서부터 시작해서 죽 이어져서 마지막 '**the market(시장)**'까지 확장되는 한 편의 움직이는 그림이 자연스레 나타난다.

영어란 주어에서부터 순서대로 그림을 그려나가는 언어이고, 그 사이 사이에 순서대로 이해가 되도록 연결해 주는 말들이 들어갈 뿐이라는 것을 실감나게 느끼도록, 이번에는 그림에서 주어를 달리해서 말을 만들어 보자. 주어를 한 여인(a woman)으로 시작해 보자. 그래서 편의상 주어가 왼쪽에서부터 순서대로 나오도록 그림의 좌우를 돌려 놓았다.

자 a woman으로부터 동선을 따라가 보자. 주어가 한 여인(a woman)이다. 그리고 그 여인이 하는 동작이 놓는다(put)이다. 그렇게 놓는 대상이 바로 돈(money)이다. 돈이 안으로 쏙 들어간다(into). 그렇게 들어간 곳이 바로 깡통(can)이다. 그 돈이 쓰여지는 대상은(for) 바로 자원 봉사자 유니폼에서 보여지듯이 적십자(the Red Cross)이다. 이제 이 순서대로 단어를 나열해 보자.

A woman ▶ puts ▶ money ▶ into ▶ the can ▶ for ▶ the Red Cross.

다시 한번 강조하면, **문법을 몰라도 주어만 정하고 그림과 함께 주어에서부터 순서대로 말들이 나오게끔 해 나가다 보면** 자연스럽게 영어가 이해가 되고, 기존 영어 문장을 암기하지 않아도 영어로 말이 만들어지게 되는 것이다.

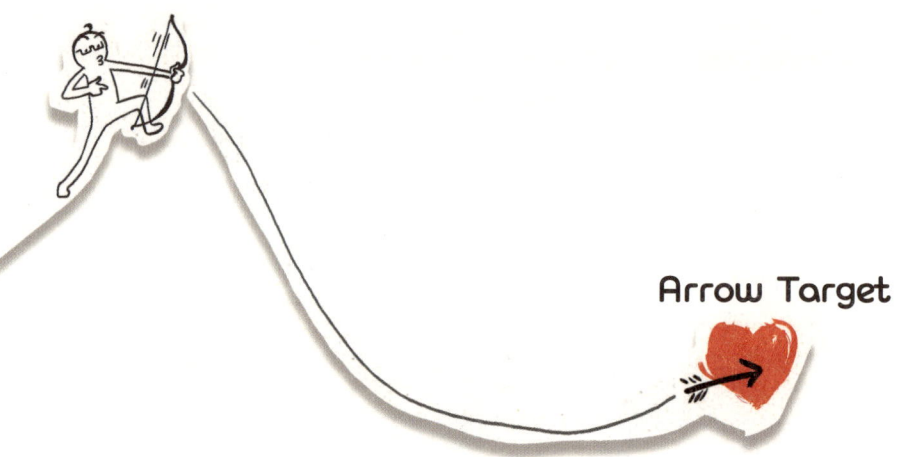

Arrow Target

- 문법 모른다고 겁먹지 말자
- 온갖 복잡한 문법사항은 잠시 잊자.
- 그림에 구체적으로 이미지로 직접 나타나는 단어들을 중심으로 주어에서부터 순서대로 해당 부분들과 단어들을 1:1로 대응시켜보자.
- 문법적인 사항들은 단지 그 문장이 담고 있는 그림의 구성 요소들을 순서대로 연결시켜주기 위해 필요한 도우미쯤으로만 이해하자.

2 주어에서 시작하여 움직이는 순서대로, 가까운 순서대로 날아가는 것이 영어식 사고의 핵심

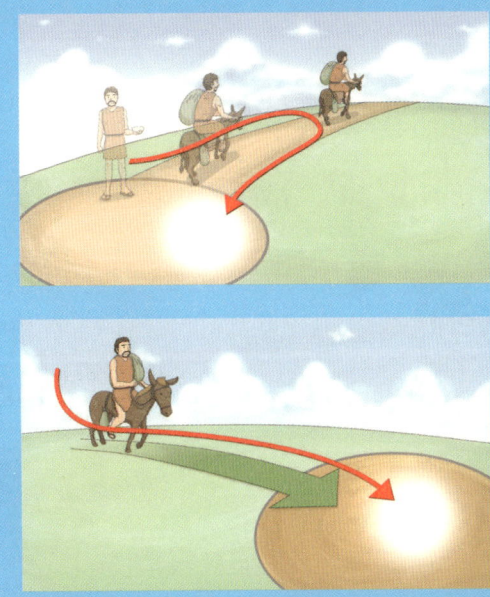

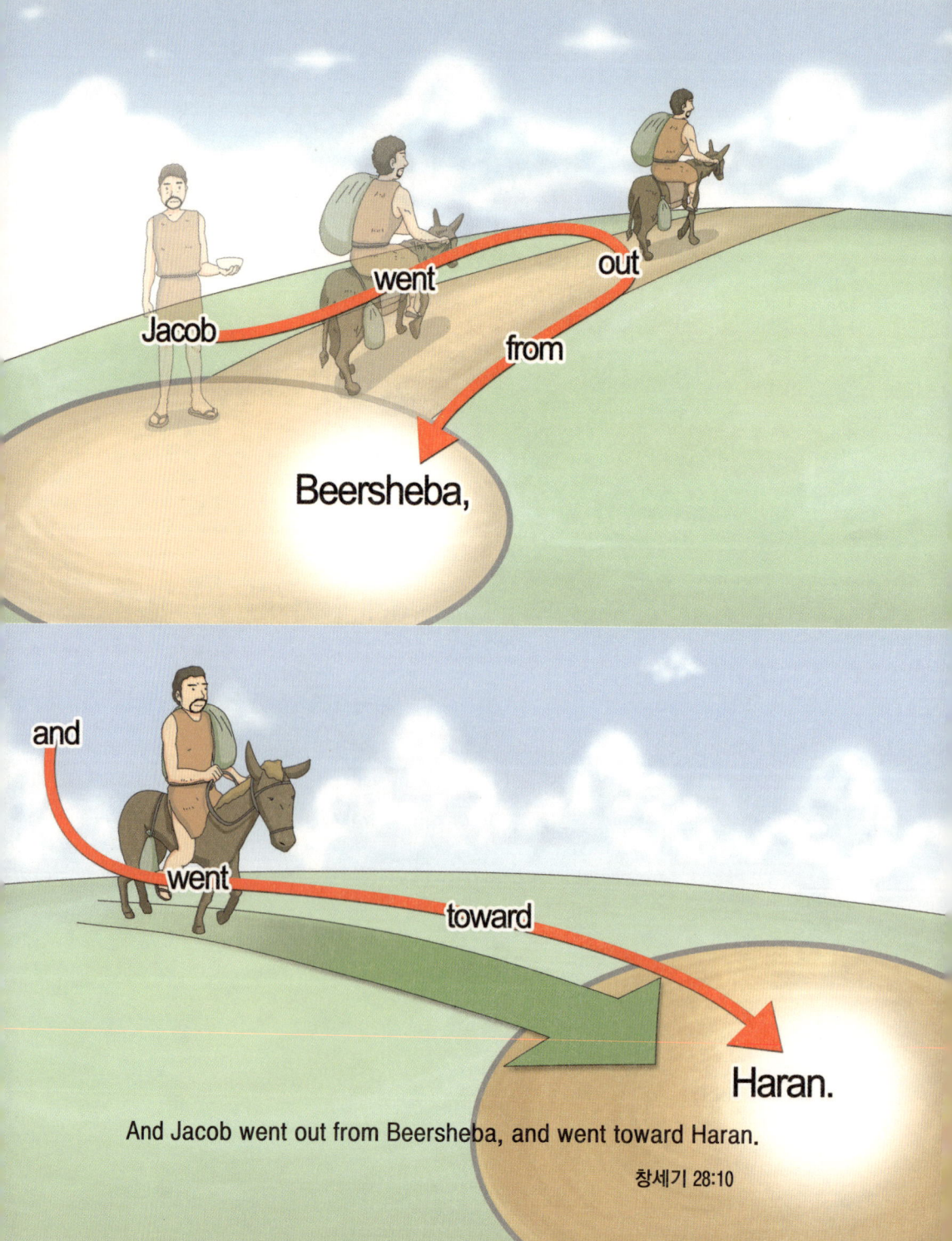

먼저 기능어에 속하는 단어들은 일단 빼고, 내용어에 해당하는 단어들만 가지고 그림과 일치시켜보자.

Jacob went out from Beersheba, and went toward Haran.

야곱 ▶ 갔다 ▶ out ▶ from ▶ 브엘세바 ▶ and ▶ 갔다 ▶ toward ▶ 하란

일단 그림에서 '**야곱**'에서부터 죽 이어지는 동선을 확인했는가? 그리고 난 뒤에 이제 중간 중간에 영어로 남겨 놓은 기능어들을 넣어서 전체를 살펴 보자. 물론 기존 사전에서 배운 의미나 학교에서 배운 의미는 잊어버리고 사진에서 눈에 보이는 것을 먼저 전제로 해서 자연스럽게 의미를 순서대로 맞춰주기 바란다. 이때 유념해야 할 원칙은 매끄러운 우리말 번역을 위해 절대로 문장 끝의 단어로 넘어가서 거꾸로 해석하며 올라가지 말고, 영어 단어가 나열된 순서 그대로 바로바로 이해해 나가야 한다는 점이다.

그림을 보니 말이 시작되는 주어가 **야곱(Jacob)**이다. 이어서 **갔다(went)**라는 동작이 왔다. 그리고 이어지는 말이 **out from Beersheba** 이다. 순서대로 보면 '**밖이고(out) ▶ 출발점은(from) ▶ 브엘세바(Beersheba)**'이다. 그리고 **(and) 갔다(went)**라는 동작이 다시 나오고 **향한 곳은(toward) '하란(Haran)'**이라는 장소이다. 내용어들 사이에 기능어들을 집어 넣어서 전체적으로 순서에 따라 말뜻이 이어지도록 해보았다.

전치사 out(~밖에), from(~로부터), toward(~쪽으로)의 의미가 학교에서 배웠던 것과는 달라서 당황했을지도 모르겠다. 그러나 단어가 배열된 바로 그 순서대로 이해도 따라가야 한다는 점에서 보면 from이나 toward를 이 책에서 나오는 대로 이해하는 게 더 맞다.

from이나 toward에 대해 원어민이 바로 그렇게 이해하고 사고하기 때문이다. 세상의 어떤 언어든 단어가 나열된 순서대로, 귀에 들리는 순서대로 바로 그 자리에서 이해되고 전달된다. 영어도 당연히 예외가 아니다.

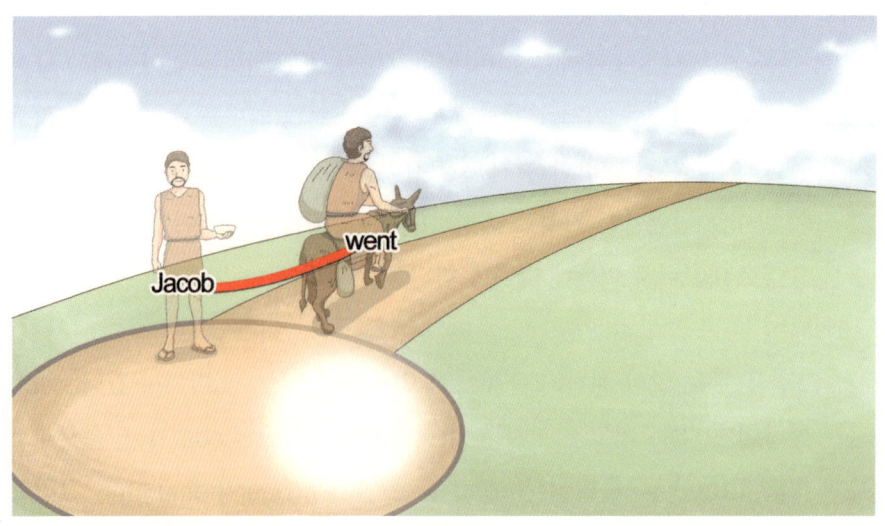

Jacob went

영어의 '주어 +동작'의 순서는 우리말로도 혼란이 별로 없다. 그냥 "주어가 뭐 하다"라고 하면 그만이다. 여기서도 "Jacob went"를 "야곱이 갔다"라고 하면 된다. 여기서 잠깐, 영어에서 주어 다음에 나올 수 있는 말로는 무엇이 있을까 한번 생각해보자. 바로 주어가 '**존재한다**'거나 '**움직인다**'거나 하는 딱 두 가지밖에 없다. 존재함은 '**be동사**', 움직임은 '**동사**'로 표현된다.

이렇게 영어에는 항상 주어라는 존재가 먼저 있고, 그 존재가 '어떠한 상태로 있는가'가 어순상 그 다음이다. 어떤 존재가 일단 있어야 그 다음으로 그 존재가 움직이든 어떤 상태이든 될 수가 있는 것이니, 이는 매우 상식적이고 논리적인 순서이다.

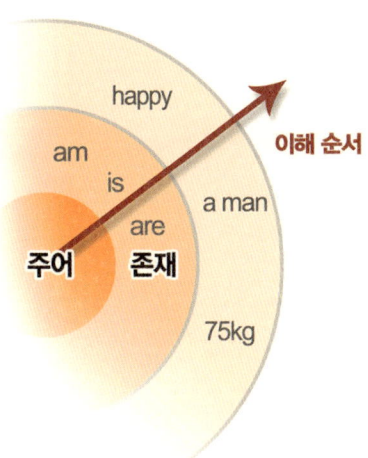

즉, 주어가 어떠한 구체적인 상태로 되어 놓여 있는 것보다 주어에 더 가까운 것은 바로 주어의 '**존재**' 그 자체이다. be동사가 바로 그 주어라는 '**존재**'

를 보여주는 것이고, 그 뒤에 따르는 말들은 그 존재가 밖으로 표현된 '**구체적인 상태**'이다.

그래서 "**나는 선한목자이다**"라고 할 경우 한국말로는 '**나는+선한목자+이다**'의 순서이지만, 영어에는 조사도 없으므로 '**나 ▶ 이다 ▶ 선한목자**'의 순서로 "**I am the good shepherd**"가 되는 것이다.

이러한 '**주어 중심적 사고**'는 "I know my sheep."라는 문장에서도 엿볼 수 있다.

이 문장은 '**주어 ▶ 동작(동사) ▶ 대상(목적어)**'의 순서이다.

즉, 주어인 '**나**'가 존재하고, 다음으로 그가 취한 '**알다**'라는 행위가 있으며, 그 다음 그 행위가 닿은 대상으로 '**내 양**'인 어순이다. 주어인 '**나**'의 입장에서는 '**알다**'는 동작이, 그로 인해 영향을 받게 되는 대상 '**내 양**'보다, 나 자신에게 더 가깝다는 물리적 이해가 고스란히 적용된 어순인 것이다.

이렇게 말이든 글이든 철저히 주어 중심으로 해서 순차적으로 확산되어 나가는 게 원어민의 언어사고이다.

따라서 우리말의 "**나는 나의 양을 안다**(주어+목적어(대상)+동사)"가 영어로는 '**나** ▶ **안다** ▶ **내 양**'일 수밖에 없음은 어찌보면 너무도 당연한 순서인 것이다.

어떤 '**동작**'이나 '**힘의 움직임**'이라는 관점에서 보아도, [**힘**(동작)을 받는 대상이] **힘**(동작) 다음에 오는 것은 참으로 논리적이고 과학적인 순서가 아닐 수 없다.

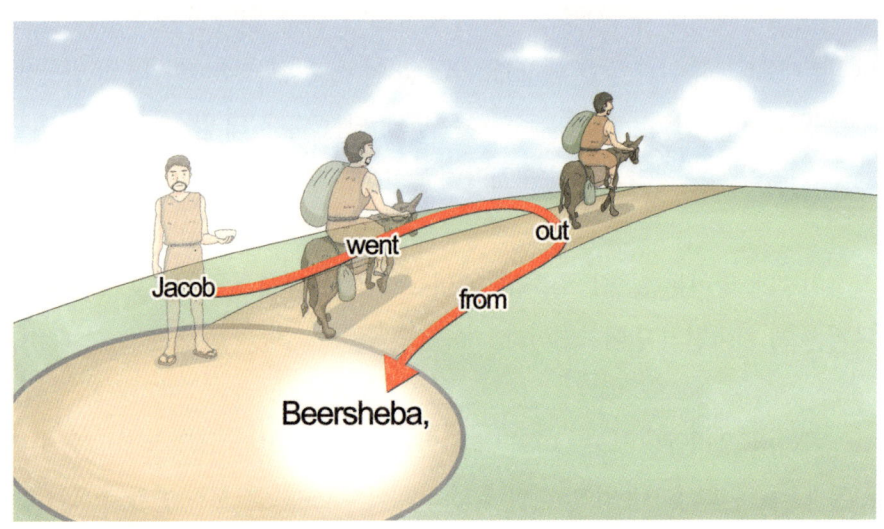

(went) out from Beersheba and went toward Haran.

　　여기에서도 원어민의 주어에서부터 순서대로의 사고방식은 여실히 드러난다. 흔히들 **Beersheba**(브엘세바)에서부터 시작해서 거꾸로 거슬러 올라와 **"브엘세바로부터 밖으로"**라고 해석할 것이다. 하지만 시작점은 바로 주어인 **'야곱'**이다. 그리고 그 주어가 **'나아갔고'** 나아가다 보니 **'밖(out)'**이고 그 **'출발한 곳'**을 보니 **'브엘세바'**인 것이다.

　　아주 간단해 보이지만, 한국 사람들이 순서대로 쉽게 구사하지 못하는 표현이다. 그렇다면 전치사 **from**을 우리가 알고 있던 **'~로부터'**라고 이해한다는 건, 주어에서부터 순서대로 이해하는 원어민의 언어감각으로 볼 때 당연히 문제가 있는 것이다. 이제 from을 거꾸로 이해해서 '~로부터'라고 하지 말고 단어가 나온 순서 그대로 이해를 시도해보자.

주어인 '야곱'이 '나아가'다 보니 '밖'이고 그 '출발한 곳'이 '브엘세바'이다. 따라서, 듣기를 할 때에도 from이 일단 귀에 들렸다면 "출발점(시작점)은~"이라고 이해를 한 뒤 다음에 무슨 단어가 나올지를 기다리는 것이 제대로 된 원어민식 이해인 것이다.

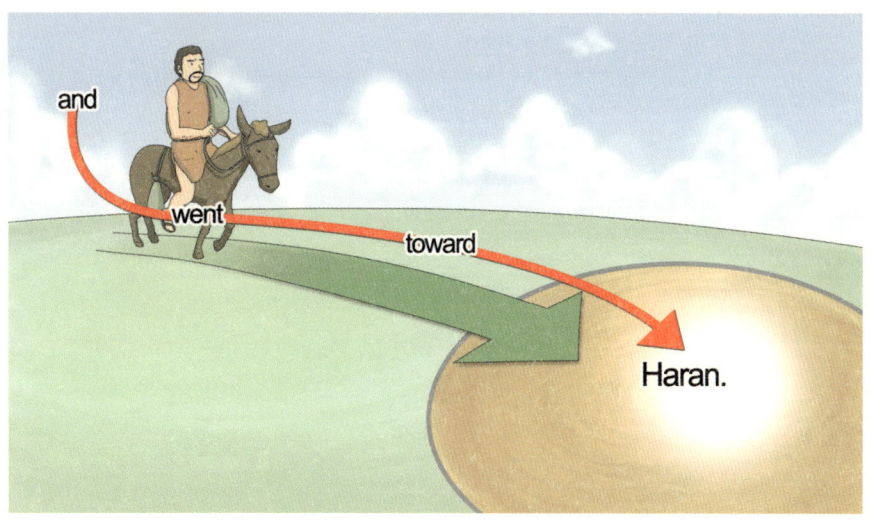

그림과 함께 전체 문장의 동선을 주욱 파악해보면 '브엘세바'에서 출발해서 주어인 '야곱'이 향해 간 곳은 하란(Haran)이란 곳이다. **주어의 입장에서 볼 때 도착점인 '하란'보다 주어 자신의 행동 방향이 더 먼저 등장하는 것**은 자명한 이치이다. 그래서 주어의 행동(went) 다음에 방향을 가리키는 전치사 toward가 나오고 그 다음에 도착점이 놓이는 것이다.

이제 주어에서부터 시작해서 한번 이해를 해보기 바란다. 영어 문장을 가리고 그냥 그림만 보면서 훈련해 보시라. 훈련하다가 해당 영어 단어가 생각 안 나면 그걸 우리말로 대체해도 좋다. 이 훈련서 중요하게 여기는 바는, 주어에서부터 죽 순서대로 단어를 나열하기만 하면 된다는 점을 경험하는 것이기 때문이다.

**영어는 모두 '주어 ▶ 동작 ▶ 대상'의 순서 안에 있다,
나머지는 그 변형일 뿐.**

1. 주어 ▶ 주어의 존재 ▶ 그 존재의 표현 모습
 = 주어 ▶ be동사 ▶ 명사/형용사

 I am. (나 ▶ 존재하다)
 I am a student/happy. (나 ▶ 이다 ▶ 한 학생/행복한)

2. 주어 ▶ 주어에서 발산된 힘 ▶ 그 힘이 미치는 대상
 = 주어 ▶ 동사 ▶ 대상

 I sleep.(나 ▶ 자다)
 I push the door. (나 ▶ 밀다 ▶ 문)

영어의 '주어 중심 사고'

'**홍길동**'은 영어로 왜 '**Kildong**(길동) **Hong**(홍)'일까?
주어인 자기 자신과 가까운 것은 '**길동**'이란 이름일까, 아니면 '**홍**'이란 성씨의 가문인가를 생각해보면 간단하다. 영어식 사고방식에 따라, 주어 입장에서 보면 보다 가까운 것인 '**길동**'이란 이름이 먼저오고, 그 뒤 '**길동**'이 속한 가문인 '**홍**'씨가 이어지는 것이다.

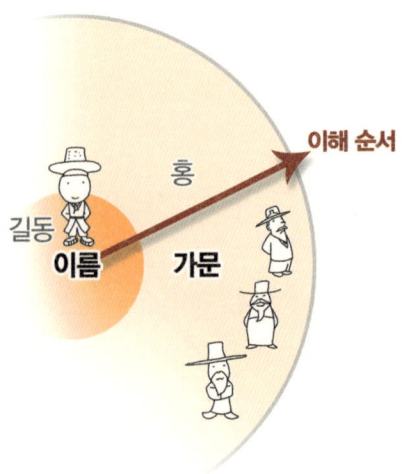

주어에서 힘이 나갈 때와 주어가 힘을 받을 때

기능어를 정확히 몰라도 그림과 함께 단어를 순서대로 1:1로 맞추어 가면서 읽되, 다시 강조하지만 무조건 앞에서부터 한 단어 한 단어 순서대로 이해하기 바란다.

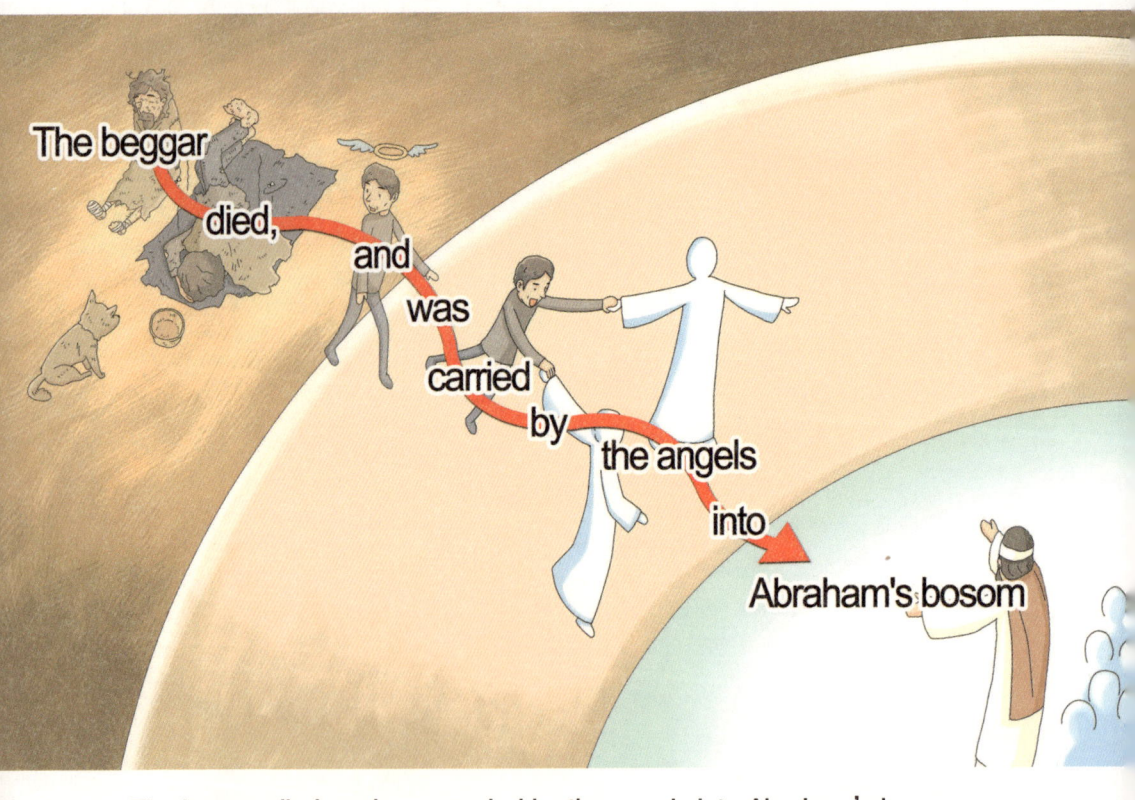

...The beggar died, and was carried by the angels into Abraham's bosom

누가복음 16:22 일부 인용

거지 ▶ 죽었다 ▶ and ▶ 옮겨짐을 당했다 ▶ by ▶ 천사들 ▶ into ▶ 아브라함의 품자, '**거지**'가 주어이다. 그 거지가 죽었다. 그리고 옮겨짐을 당했는데, 그림의 도움을 받아서 이해해 보면, 옮기는 존재가(**by**) 천사들이다. 그렇게 해서 안으로 들어갔는데(**into**) 들어간 곳은 아브라함의 품이다.

굳이 사전을 참조하지 않고 단지 그림만 보고서도 기능어들인 **and, by, into**의 의미들을 대충 알아차릴 것 같지 않은가? 원어민들은 이렇게 자신이 직접 처하는 상황 가운데에서 굳이 문법을 들먹이며 이러쿵 저러쿵 복잡하게 할 필요 없이 문법 사항들을 몸으로 바로 바로 익힌다.

우리가 한국말을 할 때에도 문법 고민없이 그냥 말을 편하게 하지 않는가? 우리의 영어 공부가 힘들었던 이유 중의 하나가 이해의 중요한 핵심인 '**상황(그림, 사진)**'의 도움 없이 그냥 글자로만 영어를 배웠기 때문이다. 그것도 최악인 것이 오직 한국말 번역을 위한 거꾸로 해석 방식으로 영어를 배웠다는 것이다.

The beggar was carried by the angels.

통상 '**주어 ▶ 동사 ▶ 대상**'의 어순은 주어에서 힘이 발산이 되고 그 힘의 영향을 받는 대상인 목적어가 오는 경우지만, 반대로 주어가 힘을 받게 되는 경우도 있다. 이때 문장의 모습은 '**주어+be+동사의 과거분사**'가 된다.

위에서 **carried**는 carry(나르다)의 과거분사 형태인데, 사전에 **carry**를 찾아보면 (carry-carried-carried) 이렇게 세 종류가 표시되어 있을 것이다. 세 번째 종류를 '과거 분사'라고 하는데 과거분사는 '**어떤 동작이 이미 완료되었음**'을 뜻한다. 이러한 '**be+과거분사**'의 형태를 학교에서 수동태라고 배웠을 것이다.

그러나 능동태니 수동태니 하는 문법 용어 갖다 붙일 필요 없이 그냥 '**주어에서 힘이 나갈 때**'와 '**주어가 힘을 받을 때**' 이렇게 구분하면 간단하다. 여기서 문법 용어 하나 아는 것보다 더 중요한 건, 왜 주어가 힘을 받을 경우 '**be+과거분사**'의 형태를 가지느냐를 이해하는 것이다.

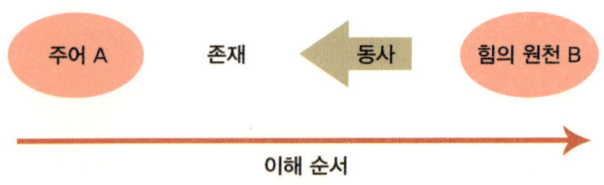

그 이유는 간단하다. 주어가 힘을 받을 경우 그 주어는 가만히 있게 된다. 그래서 존재를 나타내는 be동사가 나온다. 그리고 가만히 있는 가운데 어떤 힘이, 즉 어떤 동작이 주어 쪽으로 가해진다. 주어가 동작을 느낄 때는 이미 그 동작은 종점에 도달한 것이다. 그래서 동작의 완료를 나타내는 동사의 세 번째 형태인 과거분사 형태를 사용하는 것이다.

　우리말로는 뒤에서 힘을 가하는 힘의 원천으로부터 해석을 거꾸로 시작해서 **'B에 의해서 A가 ~되다'**라고 하지만, 어순 그대로 주어에서부터 순서대로 이해를 하면 당연히 **'주어 ▶ be ▶ 과거분사 ▶ 힘의 원천'**이 되어야 한다. 이렇게 힘의 연속성에 따라 주어에서부터 순차적으로 이해를 해야만, **'be+과거분사'** 뒤에 왜 전치사 **by**가 오는지도 저절로 이해가 된다.

　'주어 ▶ be ▶ 과거분사'가 주어에서 가해진 힘을 순서대로 그려냈다면, 그 다음에는 힘이 어디서 나왔는지, 그 힘을 누가 가했는지가 나오는 건 너무나 당연한 순서 아닌가. 여기서 원어민의 사고방식 속에서 **by**가 어떤 의미를 가지는지 분명히 드러난다. 즉 **by**는 뒤에서부터 거꾸로 해석해서 **'~에 의해서'**라고 할게 아니라, 다음 그림에서 알 수 있듯이 **앞에 일어난 '동작(힘)의 원천'이 무엇인지, 그걸 나타내는 것**이다.

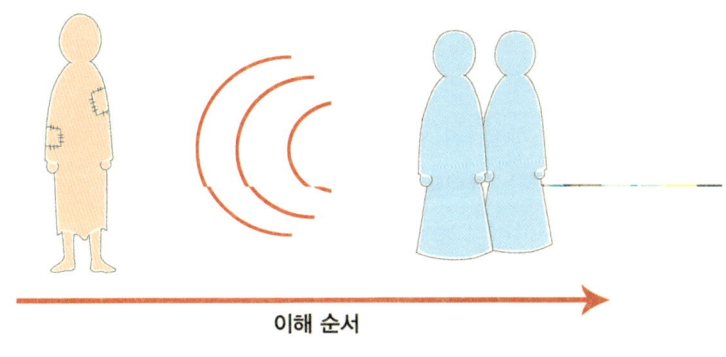

이해 순서

그래서 주어인 '거지'가 옮겨짐을 당했는데 그 힘이 어디서 나왔는지를 by를 거쳐 천사들임을 알 수 있게 된다. 거지가 어떤 영향력 안에 있는데, 그 영향력의 원천은 천사라는 얘기다.

into Abraham's bosom

처음부터 그림에 있는 동선을 따라 순서대로 나오는 단어를 보면 한 거지가 죽었고 그리고 운반되는 힘을 받아서 '안으로 들어 간 곳'이 '아브라함의 품'이다. 전치사 into를 '~안으로'로 볼 것이 아니라. 주어에서부터 순서대로 원어민의 사고로 보면 '안으로 들어가고 둘러싼 곳'으로 보는 것이 옳다.

사전을 보면 by의 의미가 '~옆에' '~까지' 등 다양한 의미가 있다. 일일이 문장에 따라 by 뒤에 나오는 말과 함께 거꾸로 해석해서 '~옆에' 또는 '~에 의해서'라고 해석을 할 것이 아니라 by 자체의 기본 의미만 파악하고 있으면 다 해결된다. 어떤 영향력 하에 있다 보니 결국 근처에 있게 되는 것이고, 그래서 우리말로 '~옆에'라는 의미가 생긴 것이다.

예컨대 **My house is by the lake**는 집이 어떤 영향권 안에 있는데 그 힘의 원천이 호수임을 나타내어, 집에서 개구리 소리도 들리고 시원한 바람도 느낄 수 있는데, 가만 보니 근처에 호수가 있더라 하는 느낌이다. 또한 어떤 영향권 안에 있으니 그 영향력이 끝나는 '**기한**'을 말하는 것이 되어 '~까지'란 의미도 만들어지는 것이다.

하지만 이런 여러 가지 의미들이, 단지 '**힘의 원천은~**'이란 한 가지 의미로 다 해결이 가능하다. 다시금 강조하지만, 한국말 번역에 현혹되어 거꾸로 뒤집는 전세계 유래를 찾아보기 힘든 이상한 영어 하지 말고 <u>단어가 나오는 순서대로 바로 바로 이해되는 영어가 되도록 힘써야 한다.</u> 힘을 받는 내용을 다음 페이지에 나오는 다른 그림을 가지고 한번 더 이해 해보자.

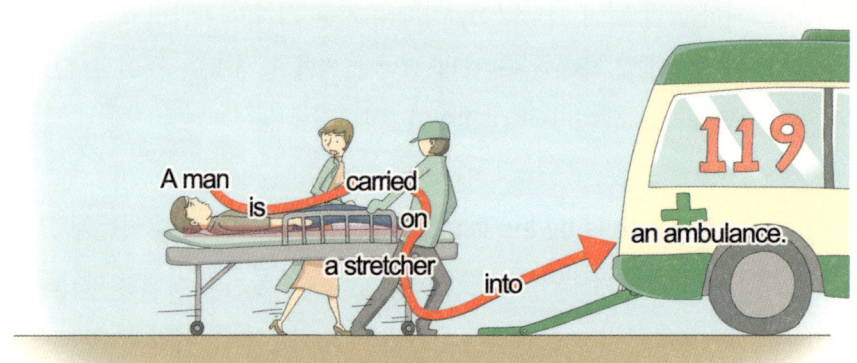

A man is carried on a stretcher into an ambulance.
한 남자 ▶ 옮겨지다 ▶ on ▶ 들것 ▶ into ▶ 구급차.

A man is carried on a stretcher

주어는, 지금 누워 있는 한 남자이다. 그 남자가 'be + carried'로 힘을 받고 있다. 앞부분에서 이미 배운 내용을 기억할 것이다. 이렇게 주어 다음에 동사가 나올 경우 먼저 **'힘을 가하는지'** 또는 **'힘을 받는지'**를 파악하는 것이 중요하다. 그렇게 한 남자가 carry하는 동작을 받는 상황에서 on a stretcher가 이어지고 있다. 이 on a stretcher를 "들것에"라고 하지 말아야 한다는 데 주의하며, 사진을 통해 앞에 나온 말에서부터 순서대로 on의 개념을 살펴보자. on이 부상당한 사람과 들것 사이에 있다. 순서대로 보면 누워 있는 남자의 온몸은

막바로 들것과 만나는 게 아니다. 잘 따져서 생각해보자, 그의 몸은 어떤 접하는 면을 거쳐서 들것과 만나게 되는 것 아닌가. 바로 그 접촉면을 의미하는 것이 **on**이다. 주어에서부터 순서대로 단어가 나열되는 원칙을 적용하면 이렇게 **on**이 들것보다 먼저 인지되고 해석되어야 함은 당연하다.

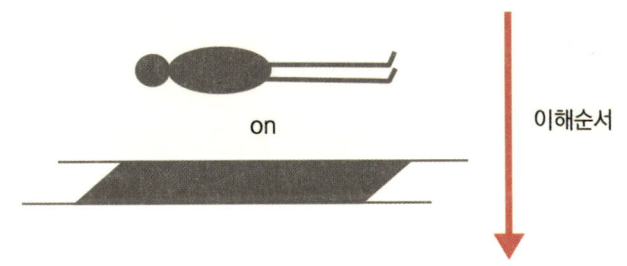

이제부터는 **on**이 나오면 **"면을 접하고 있는데 그 대상은~"** 하고서 다음 말을 기다리면 된다. 그래서 부상당한 남자가 이송이 되는데, 누워 있는 곳이 바로 **'들것'**이다.

a stretcher into an ambulance

들것과 구급차 사이의 into는 그냥 사진만 보아도 무슨 의미인지 알 것 같지 않은가? 들것이 **'안쪽으로 죽 들어가고, 그 들어가는 영역'**이 바로 구급차 아닌가. 이렇게 into의 의미는 **"안으로 들어가 보니~"**라고 새기면 된다. 우리말로 어떤 해석이 더 매끄러운가를 따질 게 아니라, 어떻게 이해하는 것이 영어 단어가 배열된 영어 어순 그대로 이해해가는 방법인가가 중요하다.

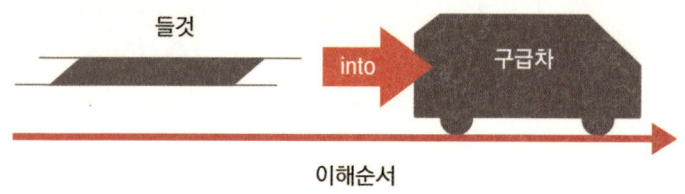

　먼저 동작의 방향인 **into**가 나오고 그 방향의 목적지인 '**구급차**'가 등장하고 있다. 절대로 구급차에서부터 거꾸로 뒤집어서 **"구급차 안으로"**라고 해석하지 말기 바란다. 해석은 될지 모르나 결코 영어식 이해는 아니다. 이렇게 해서는 토탈 잉글리시가 될 수 없고, 따로국밥식 영어가 될 뿐이다. 회화 따로, 청취 훈련 따로, 독해 따로, 영작 따로, 문법 따로….

　단어를 보자마자 순서대로 이해할 수 있어야, 듣기를 할 때 한 단어 한 단어 들리는 순서대로 바로 이해를 할 수 있게 된다. 읽기와 듣기가 단어가 나오는 순서대로 바로 이해 되는 방식으로 훈련되지 않으면 늘 속수무책이 되게 된다. 이제 다시 전체 그림을 죽 훑어보도록 하자. 한 '**남자**'가 옮겨지고 있다. 누워 있는 곳이 '**들것**'이고, 그 들것이 이동해서 안으로 들어가는 대상인 '**구급차**'를 만난다.

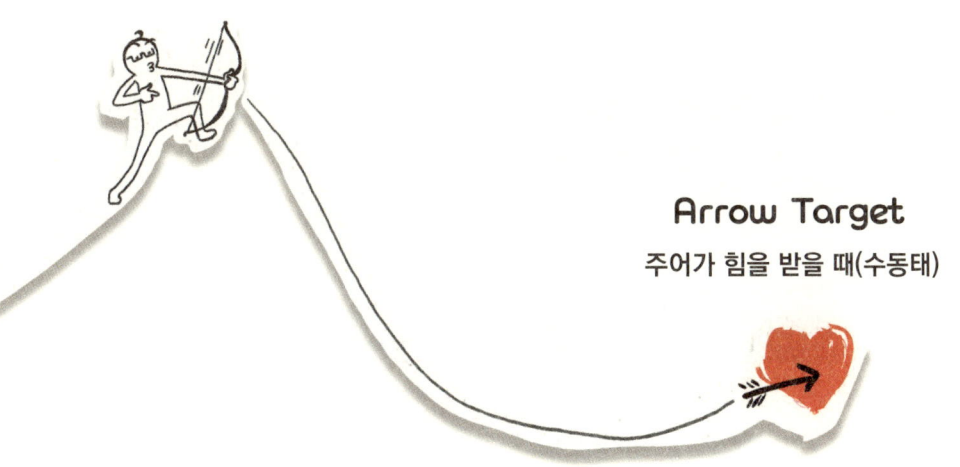

Arrow Target
주어가 힘을 받을 때(수동태)

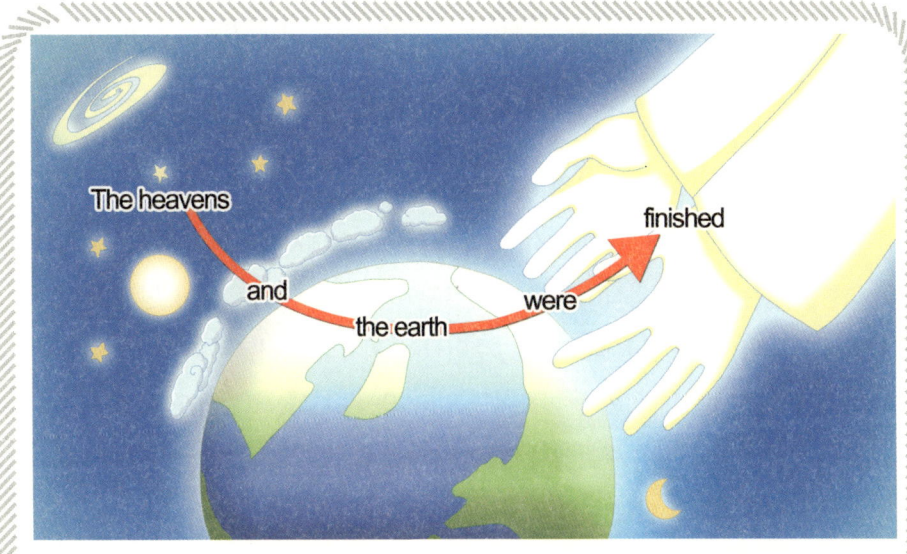

The heavens and the earth were finished. 창세기 2:1

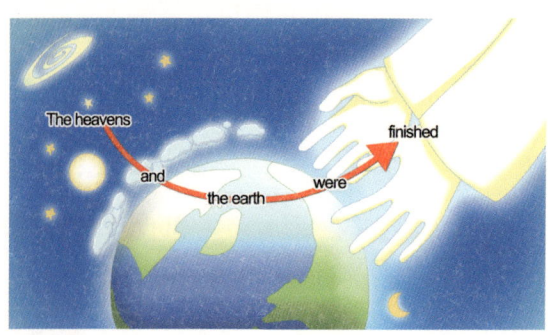

'하늘들과 땅'이 존재하는데 '마무리'하는 힘을 당하는 순서로 그림이 그려진다. 주어에게 외부로부터 힘이 미치는 이미지를 '주어+be+과거분사' 형태로 표현한 것. 주어가 힘을 받는 경우이므로, 주어가 그 힘(동작)을 느낄 때는 이미 그것이 종점에 도달한 시점이다. 그래서 동작의 완료를 나타내는 과거분사 형태를 사용한다.

통상 '주어 ▶ 동사 ▶ 대상(목적어)'의 어순은 주어에서 힘이 나가고 그 힘의 영향을 받는 대상인 목적어가 오는 경우지만, 반대로 주어가 힘을 받게 되는 경우도 있다. 이때 문장의 모습은 '주어+be+동사의 과거분사'가 된다. 이를 '수동태'라고 하는데 이런 문법용어가 얽매이는 것보다, 그림과 함께 몸으로 익히는 것이 중요하다. 주어에서 나오는 화살표를 보면서 단어를 배치해 보면 주어 입장에서 힘을 받는 그림이 된다.

by : 힘의 원천은~

뭔가의 영향력 안에 있는데, 그 영향력(힘)의 원천은 무엇인지를 나타내는 전치사다. 공간적 개념에서는 힘이 미칠 만큼 가까이 있다는 뜻에 **"옆에"**의 의미도 되고, 시간적 개념에서는 특정 시간의 영향이 미치는 범위의 의미로 **"어느 때까지"**의 의미도 된다.

by가 수동태와 함께 쓰여서는 주어에 힘을 미치는 원천이 무엇인지를 알려 준다.

I was disappointed by her refusal.
(나 ▶ 있었다 ▶ 실망을 당하다 ▶ 힘의 원천은 ▶ 그녀의 거절)

on : 면으로 접하는 대상은~

My home is on the third floor.
(내 집 ▶ 있다 ▶ 면으로 접하는 대상은 ▶ 3층)

into : 안으로 들어가고 둘러싼 대상은 ~

Jeff raises his arms into the air.

(제프 ▶ 들어올리다 ▶ 그의 팔들 ▶ 안으로 들어가고 둘러싼 대상은
▶ 허공)

기쁜 일이 있어서 허공으로 손을 쭉 들어올리며 환호하는 장면이다. 한국말로 어떻게 표현되든 간에, 영어는 주어에서부터 가까운 순서대로 차근차근 나열할 뿐이다.

4

전치사에 대한 잘못된 이해 바로잡기

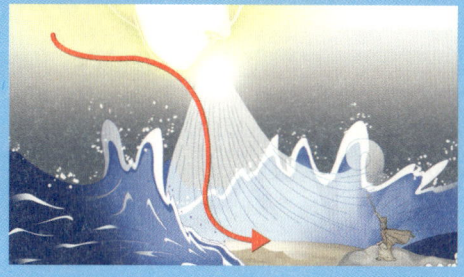

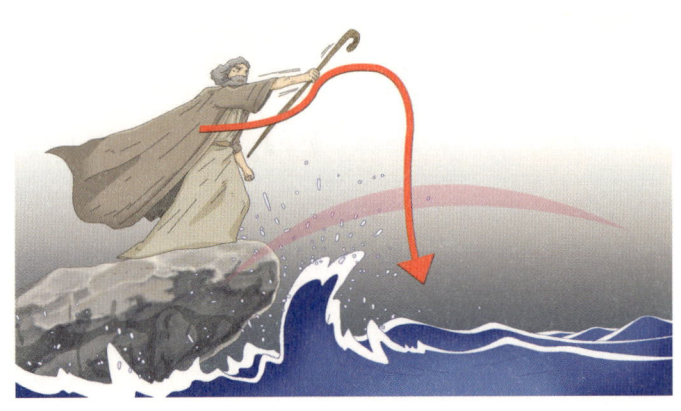

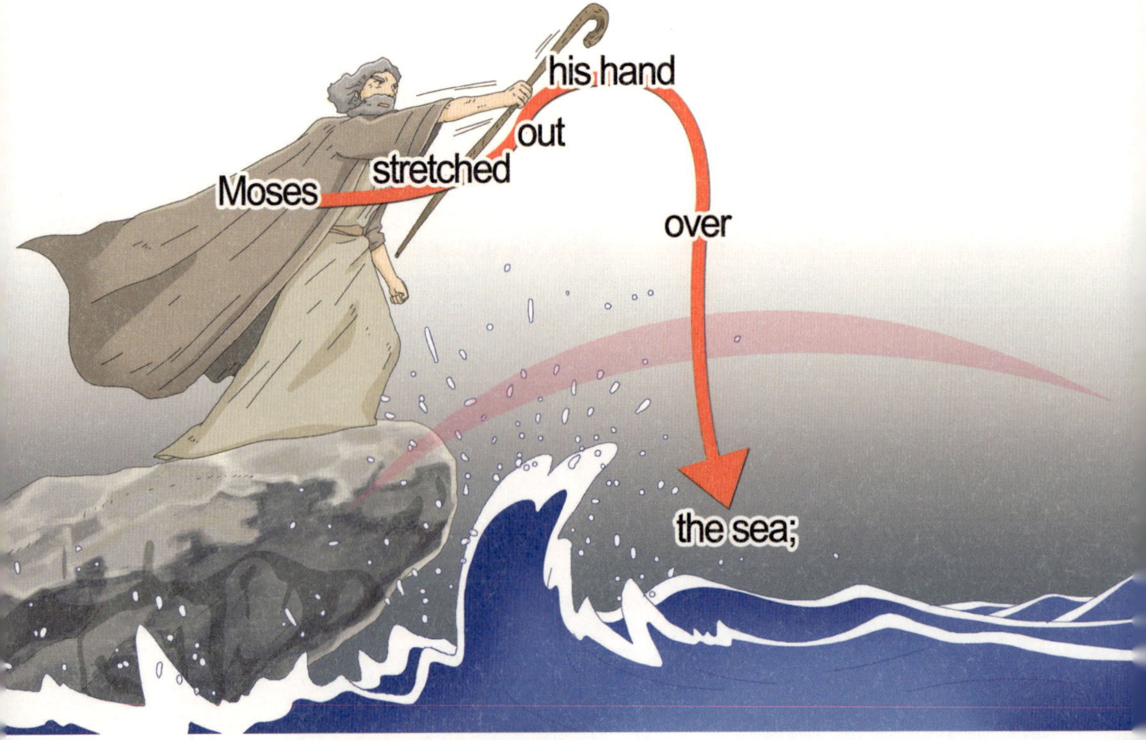
Moses
stretched
out
his hand
over
the sea;

and
the LORD
made
the sea
dry land,

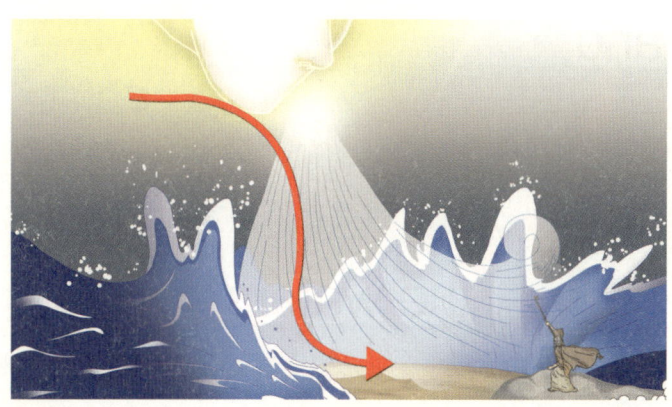

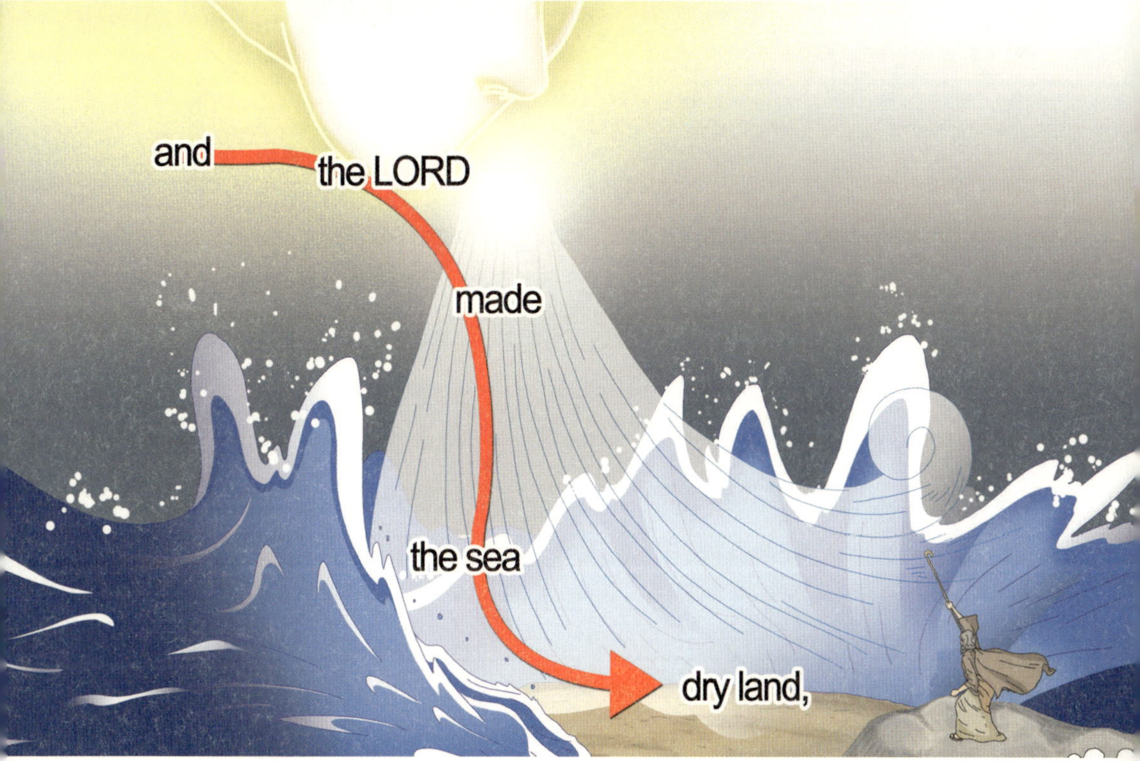

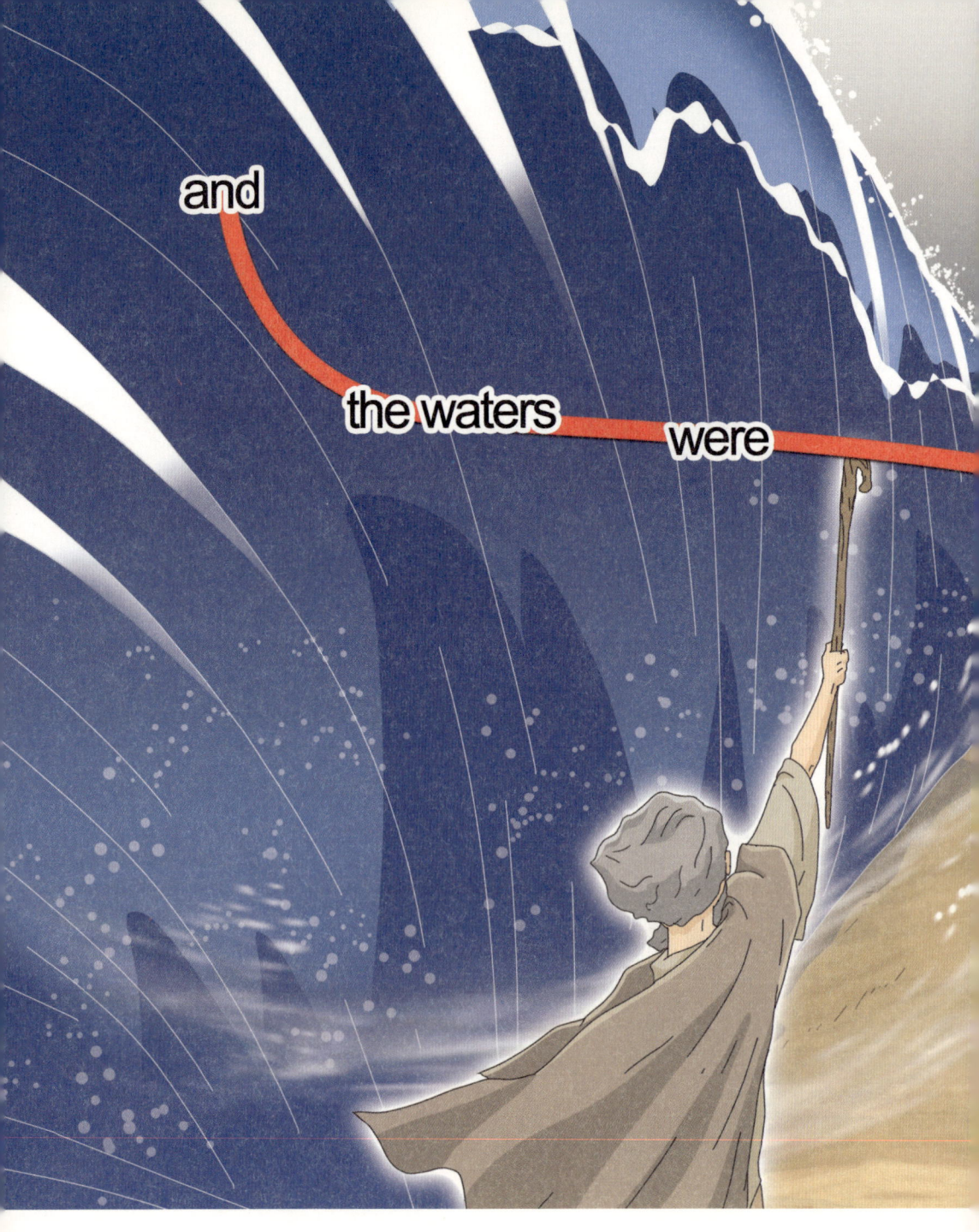

문장을 보고서 문법적으로 이리저리 따지려 하지 말고, 일단 주어가 무엇인지를 파악하고 그림상에서 순서대로 이해하려고 해보시라. 문법이란 원래 의사소통을 위해 만들어진 것이지 문법 자체를 위해 존재하는 것이 아니다.

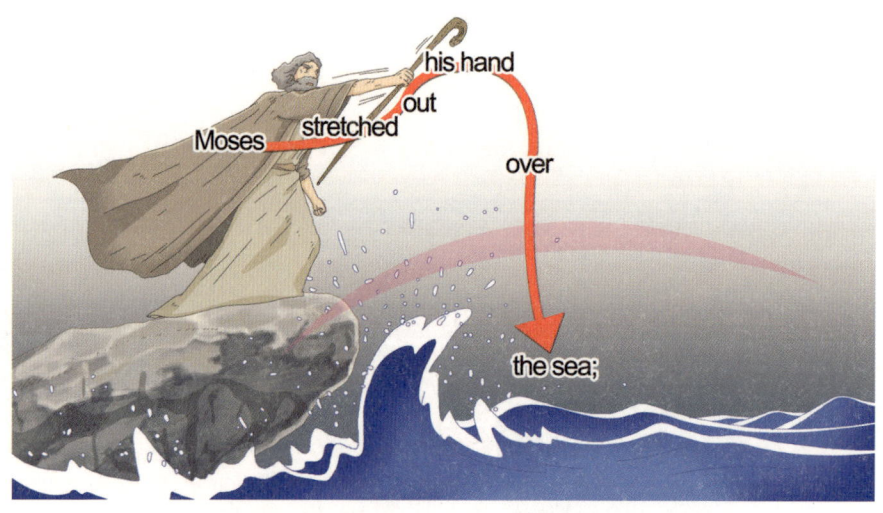

Moses stretched out his hand over the sea;
모세 ▶ 뻗었다 ▶ out ▶ 그의 손 ▶ over ▶ 바다

그림을 보고 주어가 무엇인지 파악해보니 모세(**Moses**)다. 주어에서부터 가까운 순서로 보면 먼저 주어의 동작이 나오는데, 주~욱 뻗고 있는 동작(**stretched**)이다. 그러면서 밖으로(**out**) 향하고 있다 그 대상이 뭔가 하고 보니 그의 손(**his hand**)이다. 그리고 **over**라는 전치사가 나온다.

그리고 그 아래에 바다가 있다. 주어인 모세입장에서 손을 거쳐 바다로 시선을 옮겨보면 (그림의 동선을 눈으로 따라가보자.), **over**의 의미는 순서상 '**아래 있는 것은~**'이 될 수밖에 없다. 기존 거꾸로 해석법의 '**~위에**' 하던 것과는 정반대의 의미가 되고 만다.

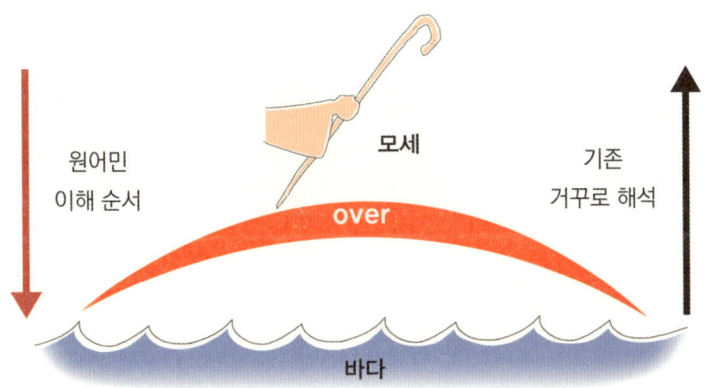

전치사의 바른 원어민식 이해

전치사는 일부 앞에서 살펴본 바와 같이 기존에 이해하던 방식에서 **180도 사고의 전환**이 필요하다. 이는 필자의 억지 주장이 아니라 원어민이 바로 그렇게 이해하기 때문이다.

문제는 'A+전치사+B'에서 항상 뒤의 B와 세트로 묶어 "B+ 전치사"식으로 "~전치사" 형태로 해석해왔다는 데 있다.

그러나 전치사는 오히려 자연스러운 어순대로 앞의 A가 어떤 위치에 있는지를 알려주는 말이다.

주어에서부터 가까운 순서대로 단어가 나열되는 기본 원칙을 적용해보면, 예컨대 A의 위치가 '**위**'라면 다음에는 '**아래**'에 있는 '**B**'가 나오고, 앞 단어의 위치가 '**안**'이면 그 다음에는 그 '**둘레**'에 있는 것이 나온다. 그래서 '**A+in+B**'의 의미가 "**A가 안에 있고 밖에서 둘러싸고 있는 것은 B**"가 되는 것이다. 또한 앞 단어가 의미하는 위치가 '**아래**'라면, 다음에는 '**위**'에 해당하는 말이 오게 된다. below를 예로 들어 설명해보자.

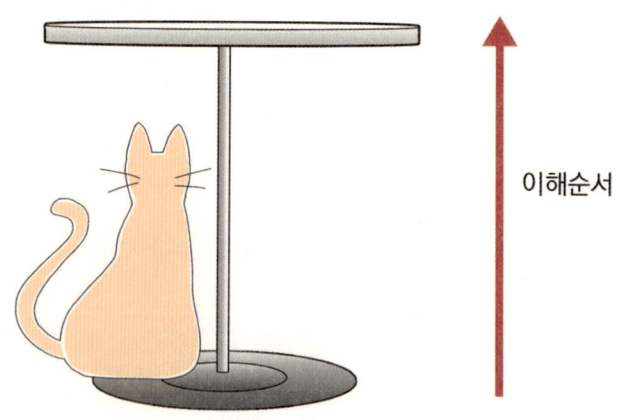

A cat sits below the table.

이 문장에서 below는 고양이가 앉아 있는 위치를 알려주는 말이다. 이제껏 이 below를 보자마자 뒤에서부터 해석해서 '**테이블 아래에**'라고 하여, 전체 문장을 "테이블 아래에 고양이 한 마리가 앉아 있다"라고, 어순을 완전히 뒤집는 식의 억지 해석을 해왔다는 얘기다. below는 먼저 등장한 앞 단어와 먼저 관련되어 이해가 되어야지, 뒤에 어떤 단어가 붙을지도 모르는데 어찌 뒤의 단어를 끌어다 해석을 한단 말인가? 읽기가 아니라 듣기의 상황에서 위 문장의 below까지만 발음된 상황을 생각해보라. "~아래에"라고 이해해야 하기 때문에 뒷말이 발음되기 전까지는 아무런 해석도 못하고 기다려야 한단 말인가? 그런 식으로 언제 원어민들과 즉각적으로 주고받는 대화가 가능하겠는가?

게다가 전치사는 대부분 그 자체만 유심히 잘 살펴봐도, 앞 단어와의 연관이 더 중요할 뿐 뒤에 이어져 나오는 단어와의 관계는 자동으로 이해됨을 알 수 있다. below는 'be+low'이다. 바로 앞 단어가 존재(be)하는 곳이 아래(low)임을 나타낸다. 그러고 나면, 그 위쪽에 있는 것이 순서상 당연히 나오게 되는 것이다. 그래서 영어가 순서대로 나열되는 원칙에 따라 below 다음에 '**위쪽에 있는 것**'이 무엇인지 직접 오게 된다.

따라서 '고양이 ▶ 앉아 있다 ▶ (그곳이 아래이고 그 위에 있는 것은) ▶ 테이블'이라고 순서대로 이해하면 된다. 훨씬 더 쉽지 않은가? 예를 하나 더 보자.

Children below the age of 13 are not allowed to see the movie.

영화관에 가면 붙어 있을 법한 안내문이다. 어린이들이 있는데 아래에 있고, 위에 있는 것이 나이인데 '**13살**'이다. 아이들에게 허락이 되지 않는 행위가

'보는(see)'것이며, 그 대상이 '그 영화(the movie)'이다. 여기서 '아이들'과 '나이'의 위치 관계를 살펴보자.

Children below the age of 13을 "13살 아래의 어린이들"이라고 매끈한 한국말로 옮기고 싶겠지만, **영어를 제대로 하기 위해서는 우리말로는 어색하더라도 영어 사고방식 자체로 이해해야만 된다.** 어린이가 있는 위치가 be+low 즉, '아래'에 존재한단 얘기다. 그리고 나서 위에 있는 것이 등장하는데, 그것이 바로 '나이'이며, 13이다. 그래서 Children이 아래에 있어서 13세에 못 미쳤다면, 허락이 안 된다는 얘기다. 이번에 전치사 beneath를 가지고 전치사에 대한 원어민식 이해를 더욱 분명히 하도록 하자.

Visitors walk beneath a passing shark at the aquarium.

큰 수족관을 방문한 적이 있다면 이해하기 쉬울 내용이다. 수족관의 백미가 바로 해저 터널이다. 수족관 가운데에 통로를 만들어 지나가는 관객들이 마치 바다 속에 있는 느낌을 가지게 해준다.

예문이 바로 그 장면이다. 관객들이 걸어간다. 그리고 머리 바로 위에는 한 마리의 지나가는 상어가 있고, 그 위치는 수족관이다. 여기서 beneath a passing shark를 "~바로 아래에"식 해석을 이용해 **"한 마리의 지나가는 상어 바로 아래에"**라고 하고 싶겠지만, 영어의 바른 이해는 당연히 먼저 나온 단어인 beneath를 이해하고 다음에 등장하는 a passing shark로 시선을 옮겨가야 한다.

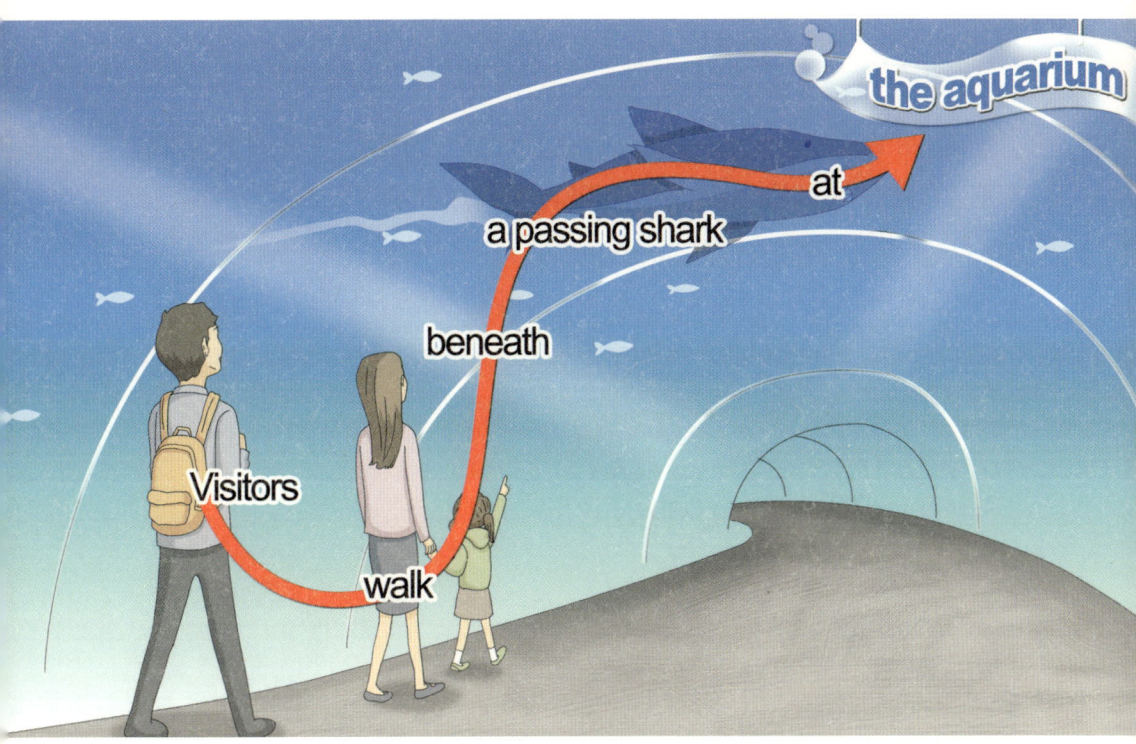

　　장면을 굳이 상상해보지 않아도, 당연히 beneath는 관객이 걸어가는 그 위치가 '아래'임을 알려준다. 그리고 나서 그 위에 있는 것이 상어이다. beneath 역시 'be(존재하다) + neath(아래)'로서, 앞 단어의 위치가 '바로 아래'임을 뜻한다. (neath는 어원상 '아래'라는 뜻의 nether에서 유래된 말이다.

　　그래서 Netherlands는 'nether+lands'로서 바다 아래에 있는 땅, 네덜란드이다. nether lip 하면 아랫입술이고, the nether world하면 아래에 있는 세상 즉, 지옥이다.) beneath의 바른 의미는 "(바로 아래이고) 바로 위에는 ~"이다.

그래서 Visitors walk beneath a passing shark는 "방문객들 ▶ 걷다 ▶ (바로 아래이고 바로 위에 있는 것은) ▶ 한 마리의 지나가는 상어"로 이해되어야 한다.

이정도면 전치사의 바른 의미와 활용법에 대해 충분히 알게 되었으리라 보고 다시 본문으로 돌아가서 두 번째 그림부터 살펴보자.

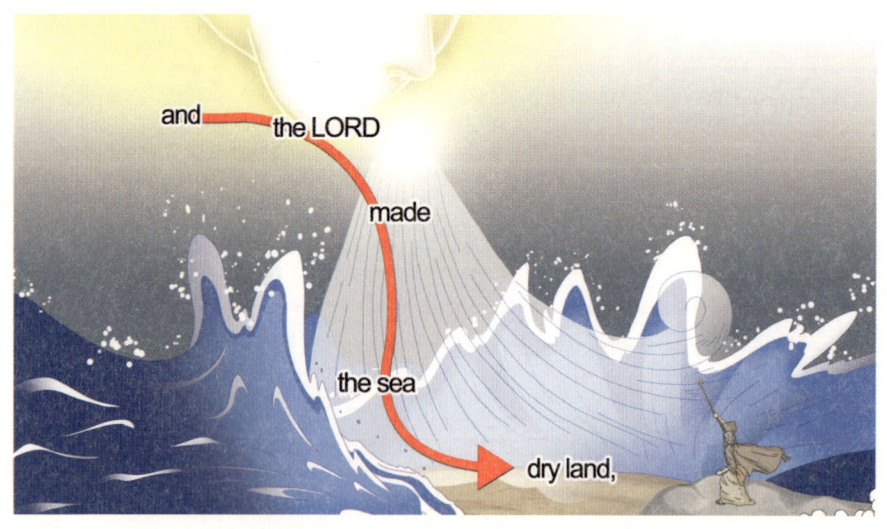

the LORD made the sea dry land,
하나님 ▶ 만드셨다 ▶ 바다 ▶ 마른 땅

하나님께서 만드셨는데 바다가 마른 땅이 되는 그림이 순서대로 펼쳐진다.

그리고 다음 그림에서 주어인 물들(waters)이 힘을 받아 나누어지는 그림이 순서대로 펼쳐진다.

and the waters were divided.
물들 ▶ 나뉘어졌다.

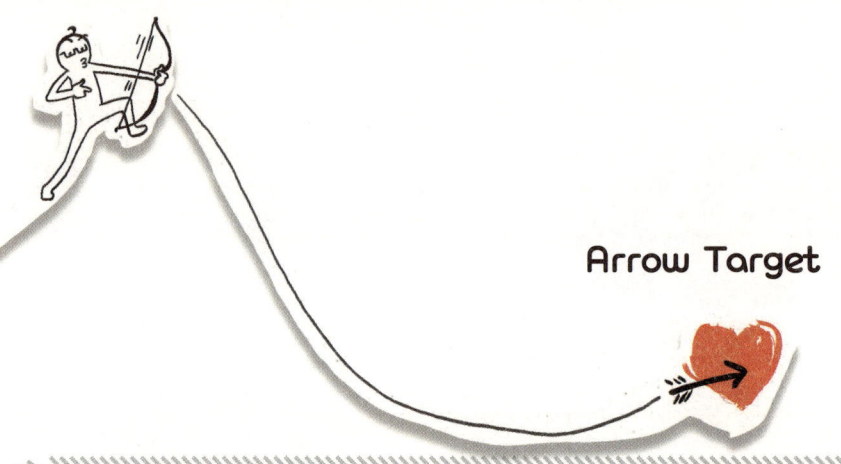

Arrow Target

전치사의 원어민식 이해

'A+전치사+B' : 전치사는 A와 B사이의 시공간적 위치, 방향, 움직임, 상호 영향력의 관계를 보여주는 연결고리다. 그래서 이를 해석할 때 "B+전치사"식으로 해서는 안 된다. 여기서 중요한건 어순 그대로 시점을 이동해가면서 이해해야 한다는 점이다.

예컨대 'A+under+B'의 경우 "B 아래에 A"가 아니라 "A가 아래에 있고, 위에서 덮고 있는 것은 B"로 이해해야 된다는 말이다. 이렇게 하나 저렇게 하나 똑 같은 상황을 말하는 것 같지만, 이해의 순서가 단어의 배열 순서와 일치되게 나아가야 여러분의 영어가 원어민 방식대로 제대로 바뀌게 된다.

5

전치사의 원어민식 기본 개념

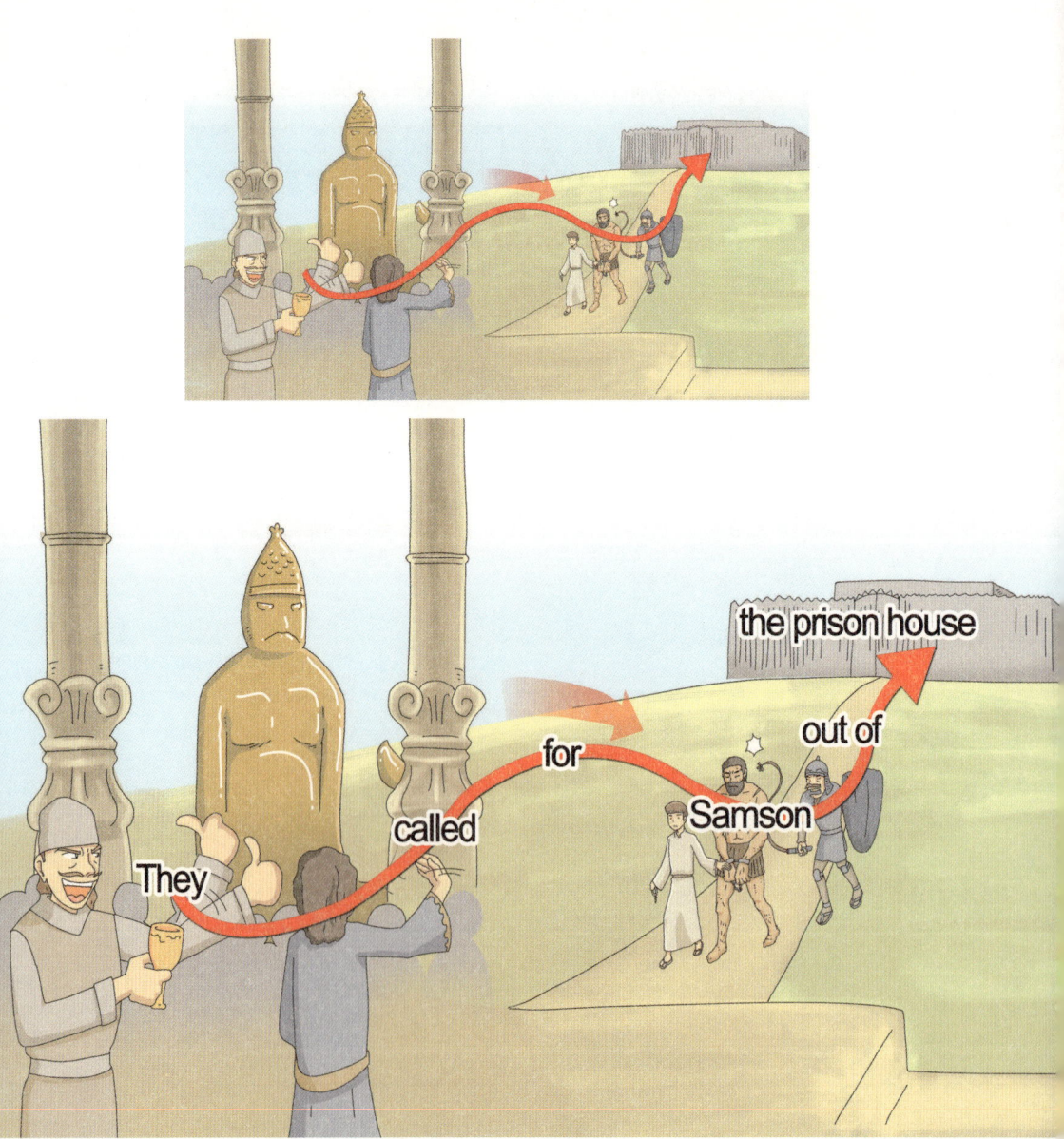

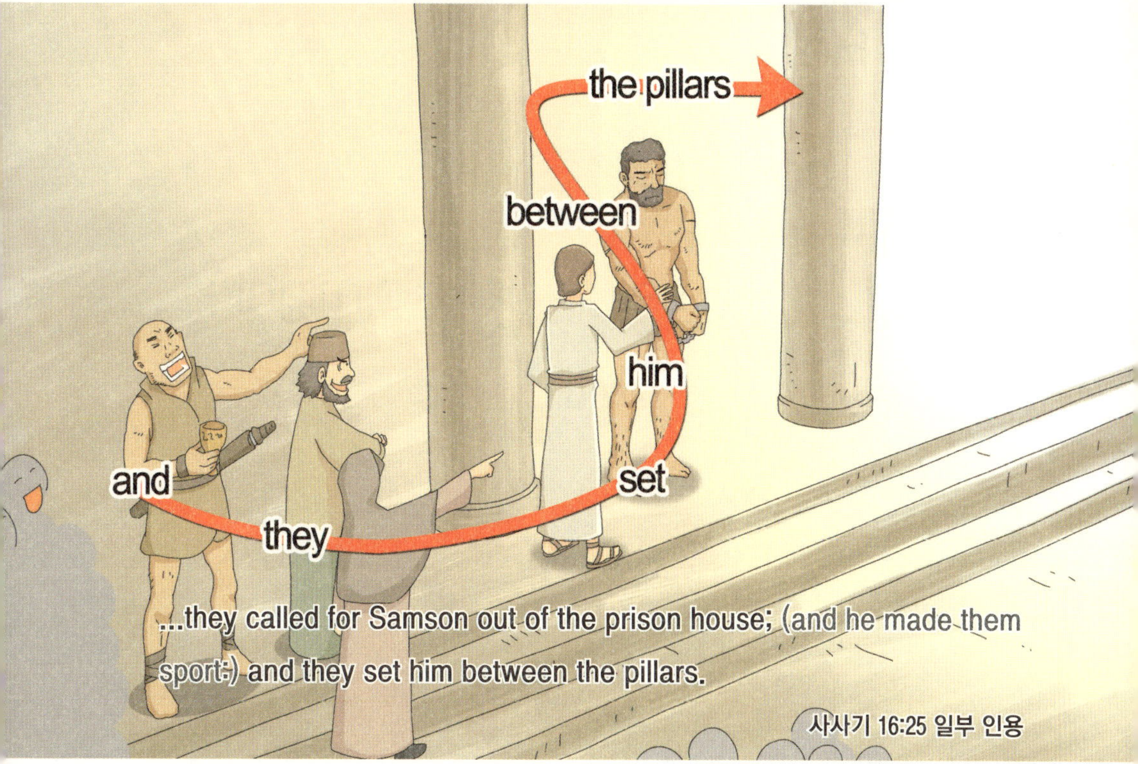

...they called for Samson out of the prison house; (and he made them sport:) and they set him between the pillars.

사사기 16:25 일부 인용

전치사의 원어민식 기본 개념 **67**

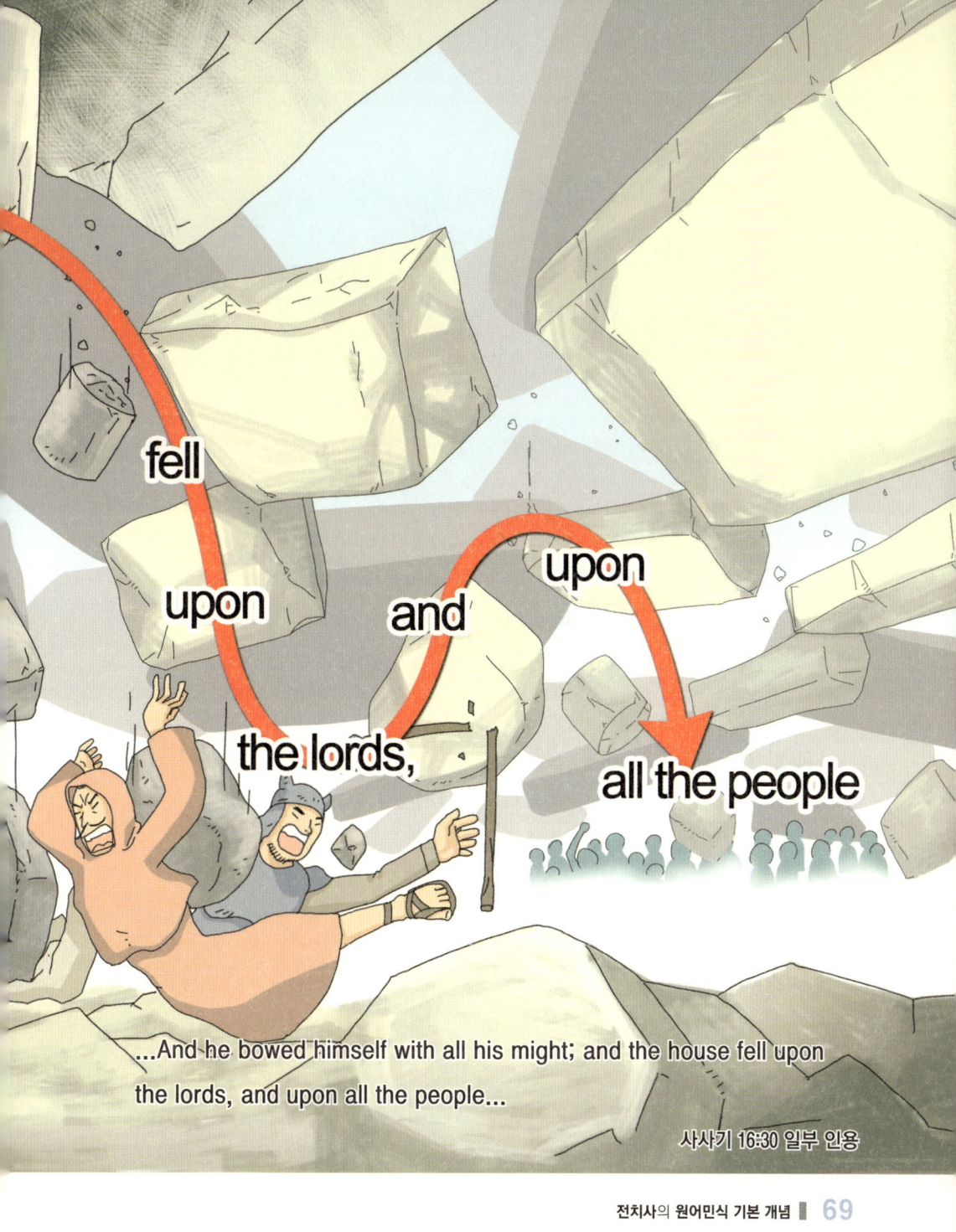

They called for Samson out of the prison house:

그들 ▶ 불렀다 ▶ for ▶ 삼손 ▶ out of ▶ 감옥집

첫 번째 그림부터 주어에서부터 순서대로 동선을 따라가다 보면, 그들이 (they) 오라고 불렀는데(called) '**목표로 하는 대상은~**' 삼손이고 그래서 삼손이 '**밖인데 빠져나온 대상은~**' 감옥이다.

자 여기에서 기존에 알고 있던 전치사의 개념들을 바로잡아 보자. 바로 전치사 **for**와 **out of**이다. 전치사 **for**는 기존에 보통 '**~를 위해서**'라고 거꾸로 해석을 했는데, 반드시 주어에서부터 순서대로 파악을 해야만 한다.

주어에서부터 그림을 그려 나아가다가 전치사 for를 만나면 이제는 '**목표로 하는 대상은 ~**' 하면서 그 대상을 기다릴 줄 알아야 한다.

여기에서 (오라고 부를 때) **목표로 하는 대상은 삼손**이다.

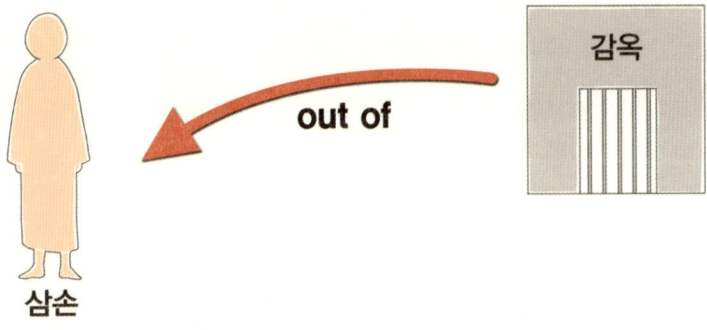

그림과 함께 순서대로 살펴보니 그 다음에 나오는 out of의 의미는 "**밖인데 빠져 나온 대상은~**"이 된다. 그러니 예전처럼 "**감옥으로부터**"라고 거꾸로 해석하는 일은 없도록 하자.

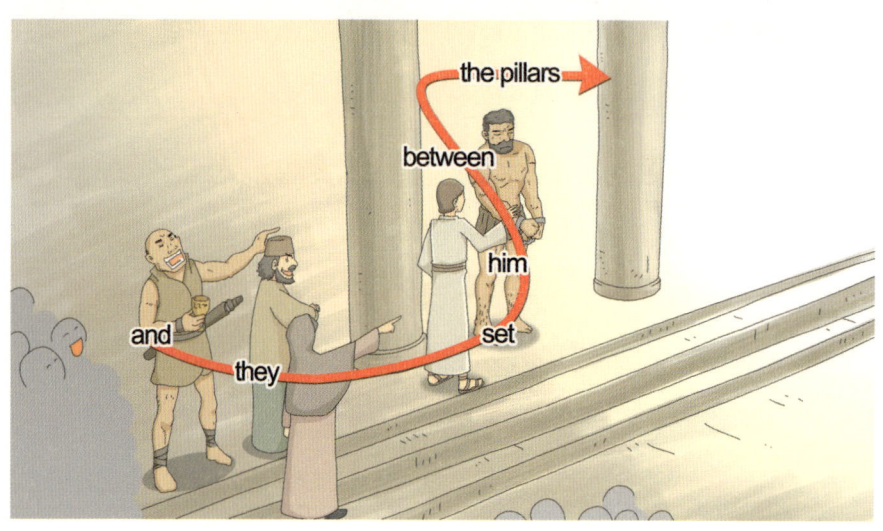

and they set him between the pillars.
그리고 ▶ 그들 ▶ 놓았다 ▶ 그(삼손) ▶ between ▶ 기둥들

본문으로 다시 돌아와서, 두 번째 그림을 눈으로 동선을 따라 한 번 주~욱 보면, 주어가 '**그들**'이다. 그림 왼쪽에 보이는 손가락질을 하면서 웃는 사람들이다. 그들이 취하는 동사는 **set**이다. 놓는 동작이다. 그 대상이 삼손이고 삼손이 사이에 있고 양쪽에 기둥들이 있다. 이 문장에서 원어민의 감각대로 바로 잡아야 할 것은 **between**이라는 전치사이다. 예전처럼 거꾸로 '**~ 사이에**'라고 해석하면 안 되고 순서대로 파악해서 **"양쪽에 있는 것들은~"** 하고 다음 단어를 기다려야 한다. 전치사 **between**을 다음페이지의 그림과 함께 좀 더 살펴보자.

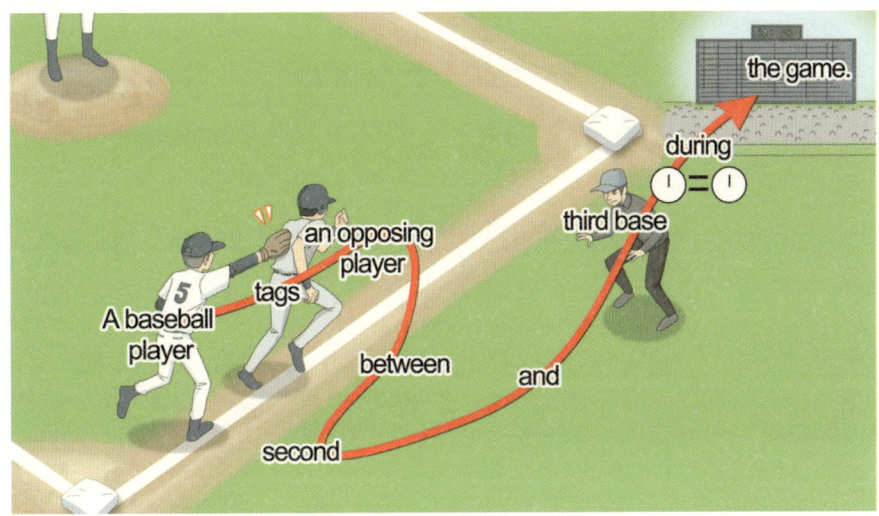

A baseball player tags an opposing player between second and third base during the game.

한 야구 선수 ▶ 터치아웃하다 ▶ 상대편 선수 ▶ between ▶ 2루와 3루 베이스 ▶ during ▶ 게임.

그림의 왼쪽에 있는 선수가 손을 뻗어서 터치아웃을 하고 있으며, 그 손길을 피해서 아웃이 안 되려고 필사적으로 도망가고 있는 사람이 그림에서 오른쪽 선수이다. 그리고 나서 **between**이 등장했다. 여기서 대한민국에서 영어를 배운 사람이면 누구나 다 '**~와 ~ 사이에**'라는 의미가 바로 튀어 나올 것이다. 그러나 야구를 한번이라도 본 적이 있다면 상식선에서 **between**에 대한 원어민 감각을 찾아보자.

야구 경기에서 주자가 주루 플레이를 하려고 왔다 갔다 하다가 잘못해서 투수나 포수가 던진 공에 아웃 당하는 장면을 생각해보자. 그때 아웃 당하는 선수의 위치는 어디일까? 바로 '**사이**'이다. 바로 이 지점이 **between**이다.

between은, 주자(오른쪽 선수)가 있는 위치가 '**사이**'라는 것을 말해줌으로 뒤에 와야 할 말은 당연히 그 '**양 쪽**'의 것들이다. 그 양 쪽에 있는 것들이 '**2루와 3루 베이스**' 것이다.

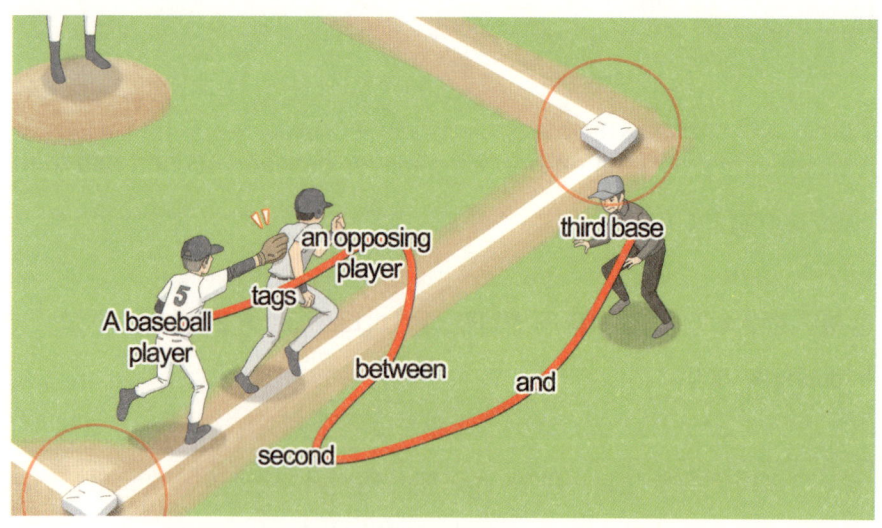

an opposing player between second and third base

항상 주어의 입장에서 가장 주요한 관심사는 주어의 위치가 어디냐이다.

아래 그림에서 주어의 위치는 바로 '**사이에 끼여 있다**'는 것이다.

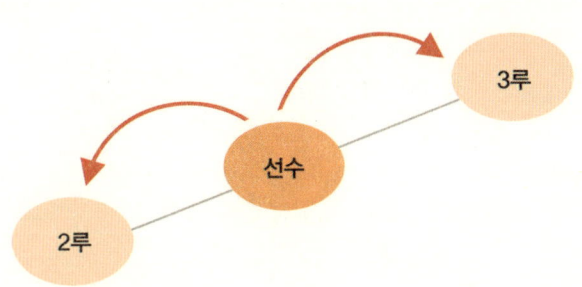

양편에 있는 것들이 무엇인지를 알기 전에 이미 어디 사이에 있다는 것을 먼저 느끼고 있는 것이다. 그리고 난 뒤 양쪽에 존재하는 것들의 정체를 알게 되는 순서이다.

어원을 따져보면, 이는 더욱 분명해진다. between은 'be+tween'이다. tween은 twin(쌍둥이)과 비슷하게 생겼다고 생각되지 않는가? 바로 어원이 '**two**'이다. 그러니 between은 앞 단어가 뭔가의 '**사이**'에 위치해 있는데, 그 양 옆에 있는 두 가지가 무엇인지를 기다리는 말이 된다. 간단히 between은 "**양 쪽에 있는 것들은~**"이라는 의미로 이해를 하면 된다.

전체동선을 살펴보자.

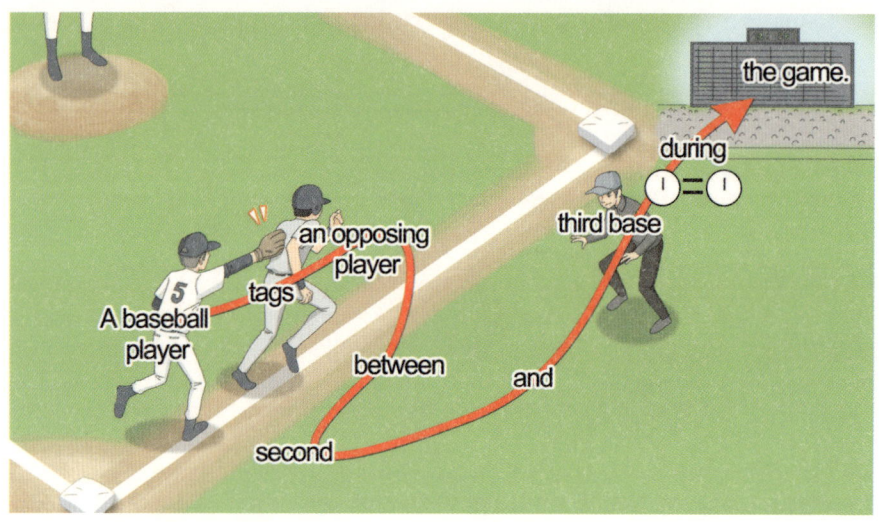

그림 왼쪽에 보이는 '**선수**'가 '**터치아웃**'을 하고 있다. 아웃이 되는 사람은 오른쪽의 '**상대편 선수**'이다. 그리고 그 선수가 아웃되는 지점 양쪽을 보니 '**2루와 3루 베이스**'가 있고, 그때 진행되고 있는 것은 '**경기**'이다.

매끄러운 한국말 번역이 없다고 이해에 문제가 있으신가? 매끄러운 한국말 번역 보다 원어민식 바른 영어를 익혀, 영어의 근본문제를 해결하는 것이 우선이다.

전치사 **between**에 대한 이해를 뒤로하고 다시 본문으로 돌아오면, 세 번째 그림이 우리를 기다리고 있다.

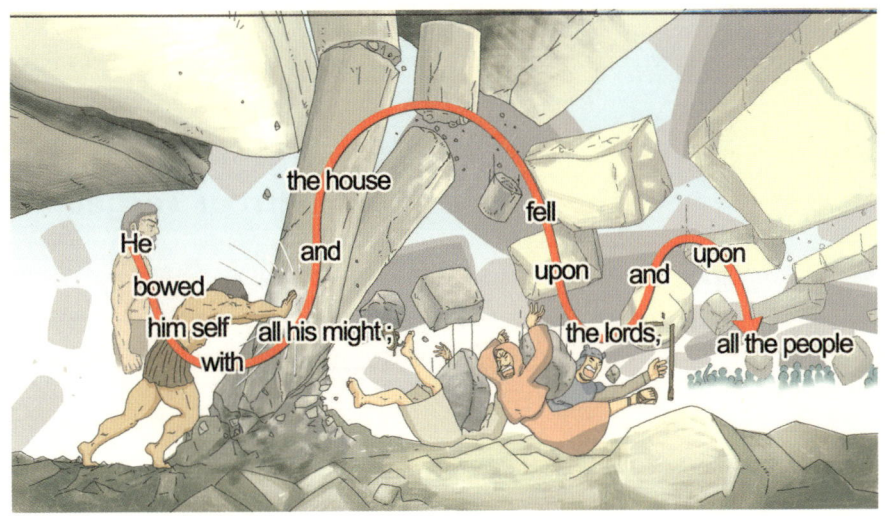

He bowed himself with all his might; and the house fell upon the lords, and upon all the people.

그 ▶ 기울였다 ▶ 자기 자신 ▶ with ▶ 모든 힘 ▶ and ▶ 집 ▶ 무너졌다 ▶ upon ▶ 영주들 ▶ and ▶ upon ▶ 모든 백성

　　　삼손(그 He)이 주인공이고 그 주인공의 행동은 구부리는 동작(bowed)이며 그 힘이 자신에게 미쳤다. 그때에 함께한 것은(with) 모든 그의 힘(all his might)이다. 그리고 집(house)이 무너졌고(fell) 닿은 대상은(upon) 영주들(the lords)과 모든 백성들(all the people)이다. 중요한 기능어를 보면 전치사 with와 upon이 있는데 with는 '함께 하는 것은~' 하고 다음 그림을 기다리면 되고, upon은 앞에서 배운 on과 같이 '접하는 것은~' 하고 다음 그림을 기다리면 된다.

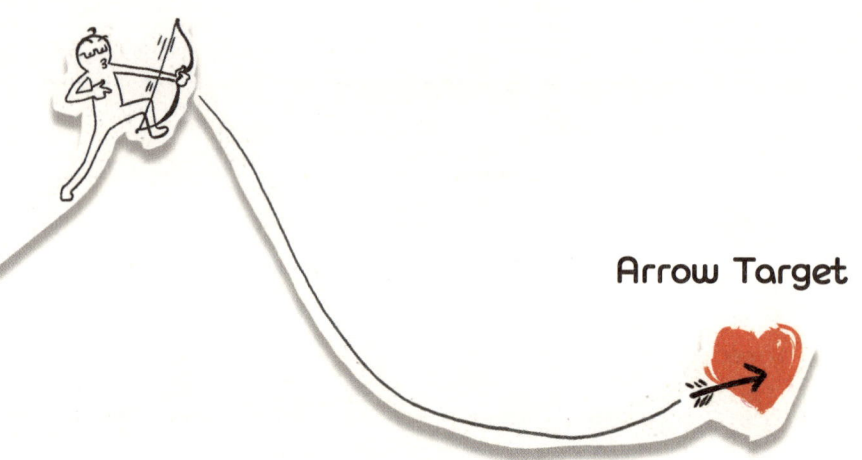

Arrow Target

A+between+B and C: A는 '사이'이고, 양쪽에 있는 것들은 B와 C

be + tween(two), 즉 앞 단어 양쪽에 있는 두 가지가 있다는 말이다. 즉, between은 앞 단어의 위치가 무엇인가의 '사이'이고 그 양 옆에 있는 것들이 무엇인지를 기다리게 된다는 말이다.

The train runs between Seoul and Pusan.
(그 열차 ▶ 운행하다 ▶ 사이이고 양쪽에 있는 것들은 ▶ 서울과 부산)

영어의 추상적 의미는 물리적 의미의 발전

추상적 의미는 물리적 의미로부터 나온 것이다. 따라서 추상적 의미 또한 물리적인 시·공감각을 적용하면 쉽게 표현할 수 있다.

Tom made something between a chair and a sofa.
(탐 ▶ 만들었다 ▶ 어떤 것 ▶ 양쪽에 있는 것들은 ▶ 의자와 소파.)

탐이 만든 뭔가가 의자와 소파 사이에 있다는 말도 되겠지만, 추상적 의미로 확대시켜 보면, 만든 것의 모습이 도대체 의자인지 소파인지 분간키 어려운 것이라는 뜻도 될 수 있다.

My teacher has been around the school for thirty years.
(나의 선생님 ▶ 있어왔다 ▶ 둘러싸고 그 대상은 ▶ 학교 ▶ 기간은 ▶ 30년.)

나의 선생님이 단순히 위치적으로 학교를 둘러싸고 있으신 것일 수 있으나, 학교에서 30년 동안이나 근무하고 있다는 추상적 의미도 가능하다.

6 주어의 단계별 움직임을 나타냄 (전치사가 연달아 나오는 문장)

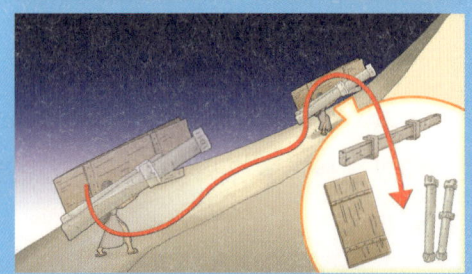
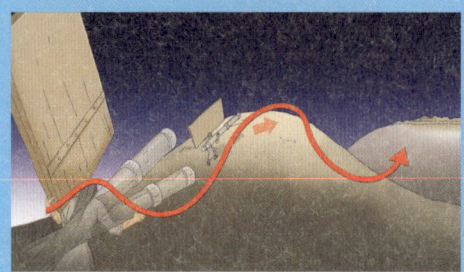

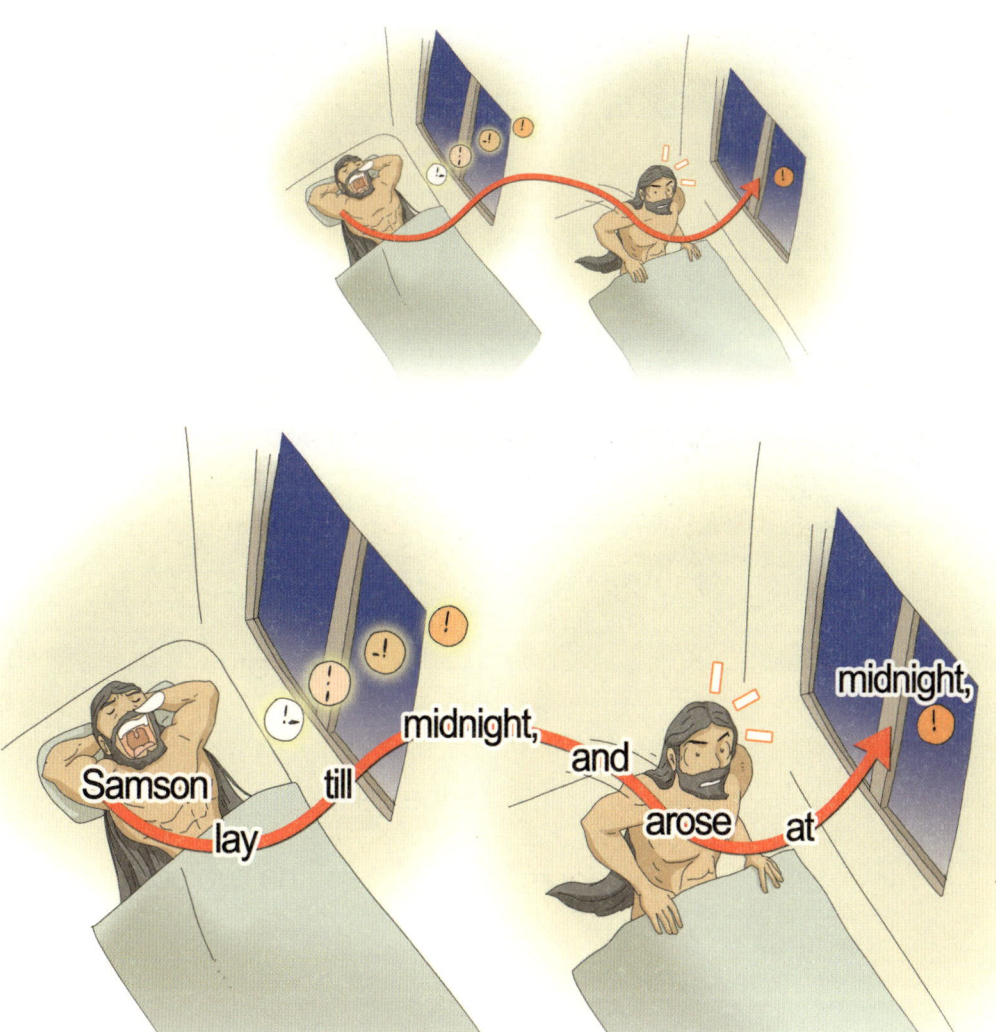

And Samson lay till midnight, and arose at midnight, and took the doors of the gate of the city, and the two posts, and went away with them, bar and all, and put them upon his shoulders, and carried them up to the top of an hill that is before Hebron. 사사기 16:3

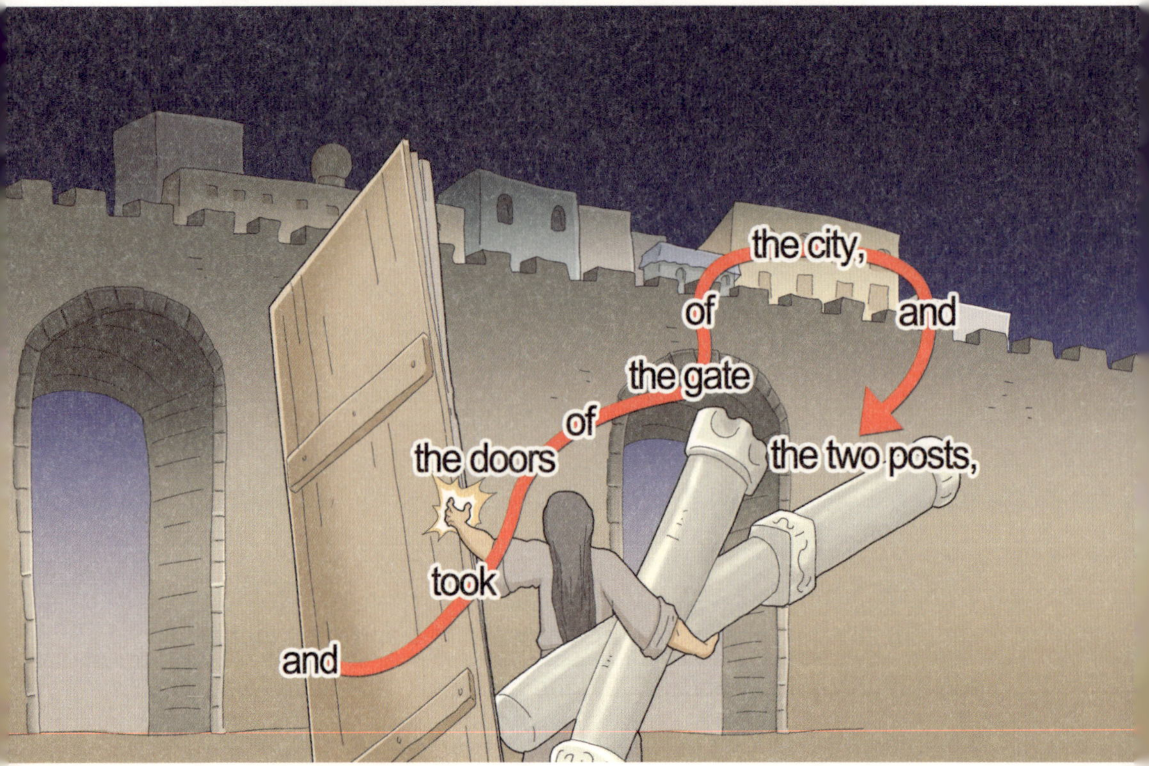

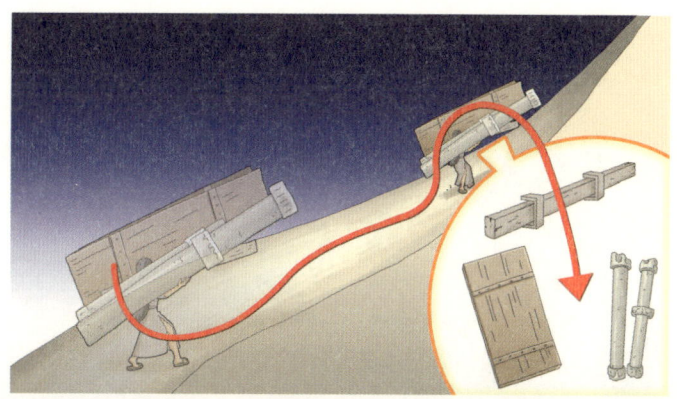

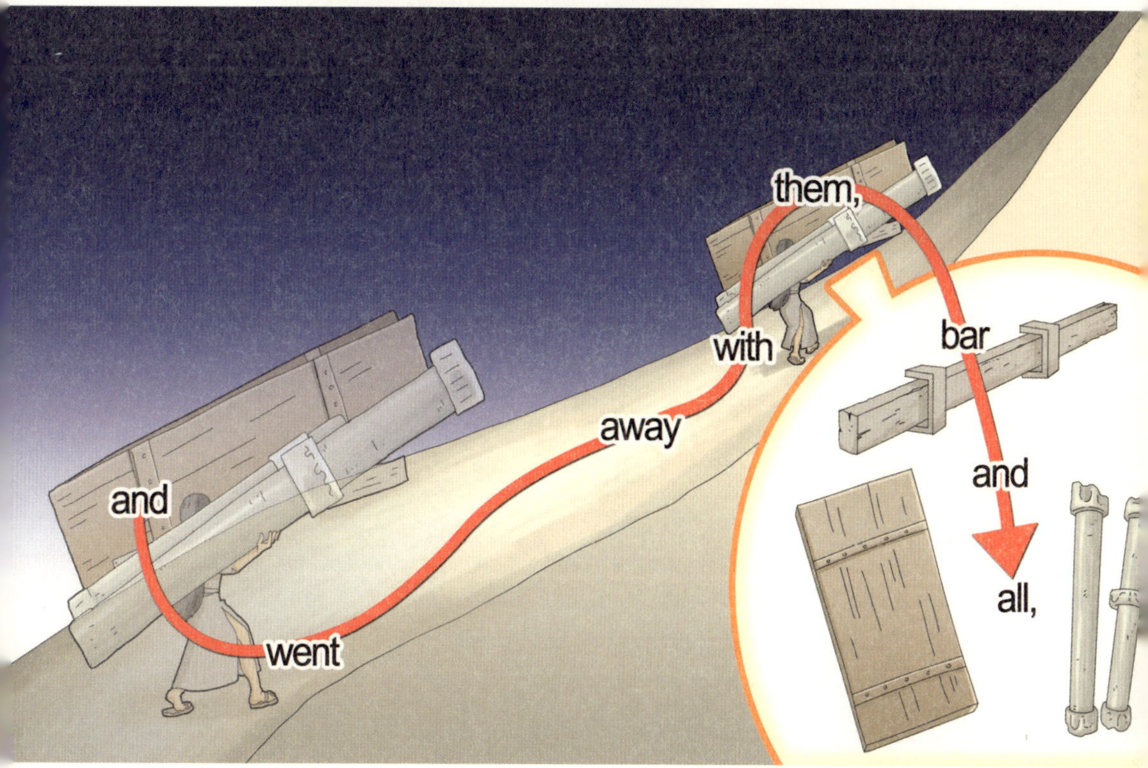

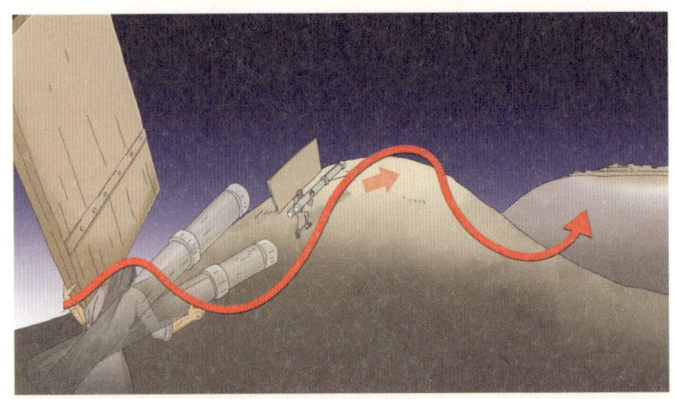

and put them upon his shoulders and carried them up to the top of an hill that is before Hebron.

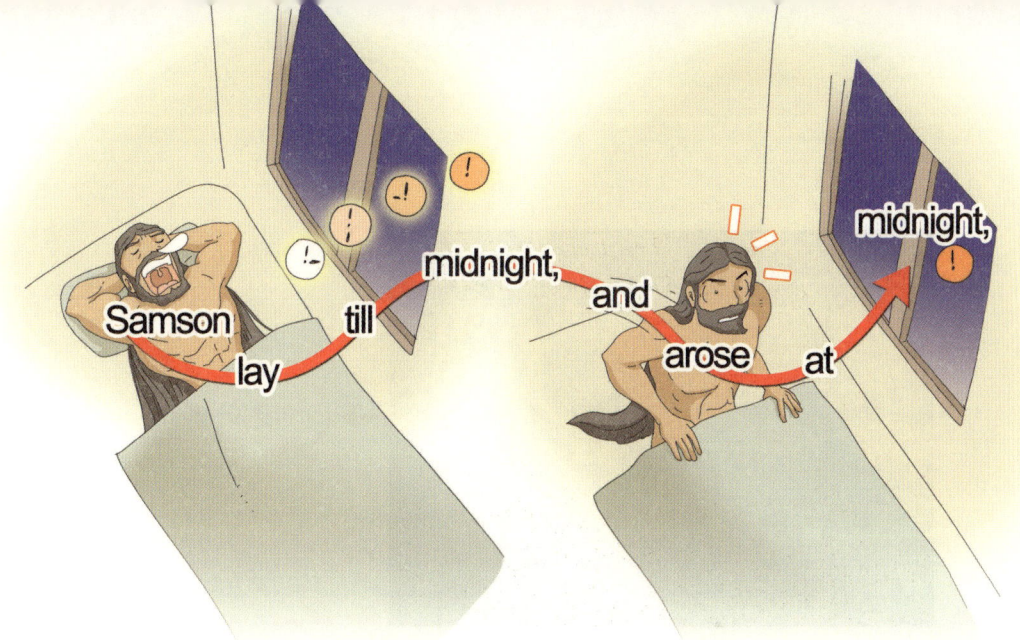

Samson lay till midnight, and arose at midnight

삼손 ▶ 누워있다 ▶ till (계속되다가) 끝나는 시점은 ▶ 한밤중 ▶ 그리고
▶ 일어났다 ▶ at ▶ 한밤중

위의 문장에서 전치사 till은 전치사 until과 의미가 같다고 보면 된다. 보통 until을 거꾸로 해석해서 '~까지'로 알고 있는데 이번 기회에 다음 그림과 함께 전치사 until을 제대로 원어민 방식으로 공부해 보자.

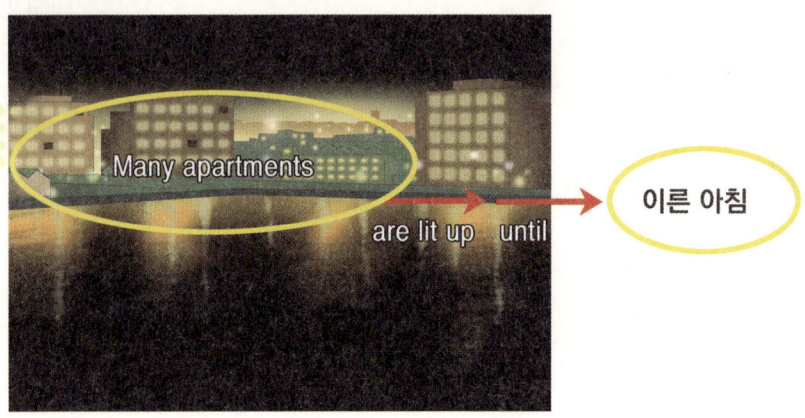

Many apartments are lit up until early morning as people watch Olympic games on television.

많은 아파트들 ▶ 불 밝혀지다 ▶ until ▶ 이른 아침 ▶ as ▶ 한국 사람들 ▶ 보다 ▶ 올림픽 경기들 ▶ on ▶ 텔레비전.

주어는 사진에서 정면으로 보이고 있는 많은 아파트들이다. 다음에 'be +lit(light의 과거 분사형)'가 이어져 있다. light가 '불 켜다'인데, be lit로써 주어가 힘을 받는 형국이니 Many apartments are lit up은 "많은 아파트들이 불 켜지다"가 된다.

until early morning

자, 이젠 until을 '~까지'라고 해서는 안 될 거라는 짐작이 들 것이다.

until 뒤에 나온 문장을 다 거꾸로 해석한 뒤 until을 마지막에 덧붙여 앞의 문장으로 거슬러오자면 허겁지겁해야 할 것이다. 이래서 지금까지 마냥 영어가 힘들게만 느껴졌던 것이다. 그러나 무조건 영어는 주어에서 순서대로 이해해야 함을 명심하고, 사진을 통해 until의 의미를 재발견해보자.

Many apartments are lit up until early morning을 그림으로 표시해봤다.

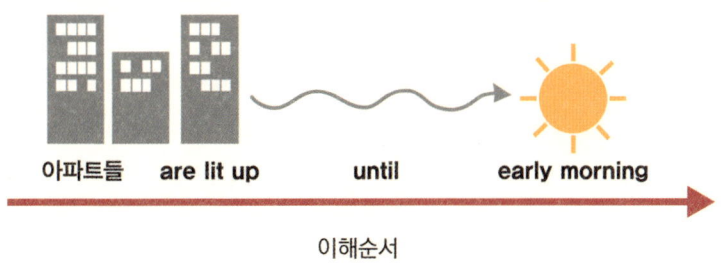

불이 켜진다는 건 날이 어둡다는 건데, until 다음에 '**이른 아침**'이 와 있다. 그렇다면 그림에서 보이듯 순서상으로 "**이른 아침까지 불이 켜지다**"가 맞겠는가, 아니면 "**불이 죽 켜져 있다가 꺼지는 때가 이른 아침**"이라고 하는 것이 더 맞겠는가? 여기서 우리는 until이 앞서 일어난 상황이 죽 지속되다가 끝나는 시점이 언제인지 설명해주고 있음을 알 수 있다.

until은 앞의 동작이 언제까지 진행이 되는지 그 종점을 알려주는 신호라고 보면 된다. until은 onto에서 유래된 말이다. 앞에서 일어난 일이 'on+to' 한다는 것이니 그 의미는 더욱 분명해진다. "**접하여 지속하다 만나는 목적지는~**"이 되는 셈이다. 따라서 until은 "**그 끝에 일어나는 일은~**"이라고 새기면 딱이다. 그리고 이어지는 내용을 계속 살펴보자.

as Koreans watch Olympic games on television.

새로운 그림이 **as**를 매개로 하여 이어지고 있는데, 이 **as**는 뒤에 바로 명사가 올 수도 있고 문장이 올 수도 있다. 위 문장처럼 **as** 뒤에 문장이 올 때 **as**를 '~ 할 때'라는 식으로 이해하게 되면, **as** 뒤에 나오는 문장을 먼저 거꾸로 해석하고 **as**를 나중에 가져다 붙이는 식으로 이리저리 꼬인 해석이 되고 만다. 그냥 **as**가 나오자마자 "**같은 시각에 벌어지는 일은~**"이라고 이해한 뒤 다음으로 넘어가면 그만이다. **as**의 기본 개념은 'A=B' 할 때의 =로 받아들이면 된다.

이제 같은 시각에 벌어진 일이(**as**) 무엇인지 보자. **Koreans watch Olympic games on television**, 주어인 '**한국 사람들**'이 보고 있는데 그 대상이 '**올림픽 경기들**'이다. 그리고 그 경기가 면을 접하는 대상이 '**텔레비전**'이다. 자, 안방에서 **TV**를 보고 있는 여러분 자신을 떠올려보라. '**여러분이 ▶ 보고 있고 ▶ 보고 있는 것이 어떤 프로그램이고 ▶ 그 프로그램이 보여지는 면이 ▶ 텔레비전 스크린이다.**' 이렇게 영어는 순서에 죽고, 순서에 사는 언어이다. 그래서 순서만 제대로 맞춰도 훌륭한 영어가 된다.

다시 전체를 정리해보자. 많은 서울 아파트들이 불이 밝혀져 있는데, 그게 끝나는(꺼지는) 시점이 **'이른 아침'**이다. 이제 **as**를 통해 이 시점에 벌어지는 일을 살피기 위해 아파트 안으로 시선을 옮겨 보자. 불 켜진 아파트 안에는 **'한국 사람들'**이 보고 있고, 그것이 **'올림픽 경기들'**이며, 그 경기들이 보이는 면을 보니 바로 **'텔레비전'**이다.

이렇게 주어가 바라보는 대상을 설명하는 경우도, 주어 자신에서부터 출발할 경우 가장 가까운 사실부터 나열하듯이, 주어가 가장 먼저 인식하는 부분부터 말한다. 그리고 나서 그 안으로든, 더 세부적으로든 살펴보게 되는 순서로 표현된다. 영어는 이렇게 모든 것을 주어에서 순서대로의 구조로 파악한다는 걸 잊지 말자.

다시 본문으로 돌아오면, 한방중에 일어난 삼손이 하는 동작이 나온다.

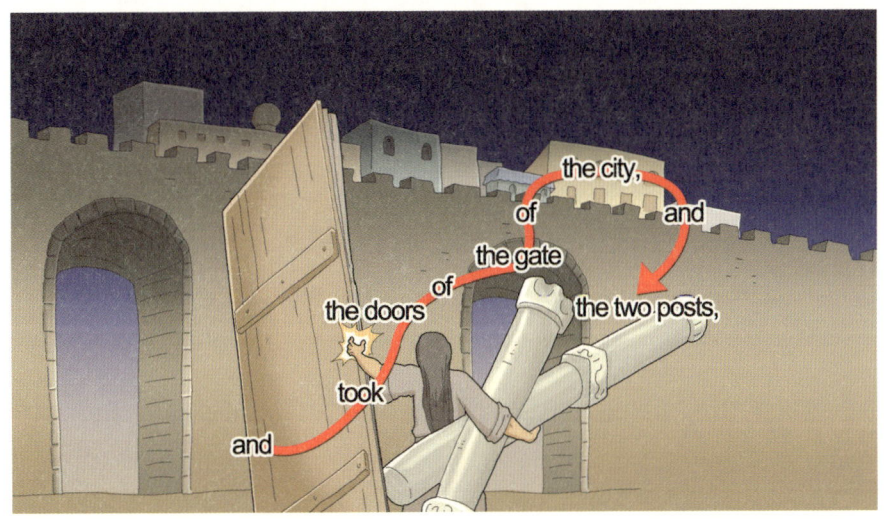

주어의 단계별 움직임을 나타냄

and took the doors of the gate of the city, and the two posts,

그리고 ▶ 취했다 ▶ 문들을 ▶ of ▶ 대문 ▶ of ▶ 도시 ▶ 그리고 ▶ 2개의 기둥들

그리고 취했다. 그 대상은 문들이고 연결된 것은(of) 대문이며, 그 대문과 연결된(of)바는 도시와 두 기둥들이였다.

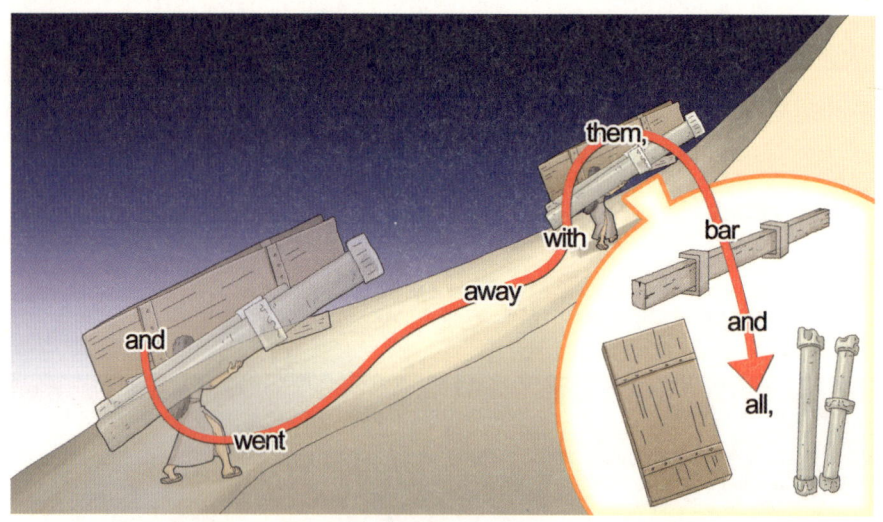

and went away with them, bar and all,

그리고 ▶ 갔다 ▶ 멀리 ▶ with ▶ 그것들, 빗장 그리고 모든 것

그리고 갔다. 멀리(away) 그럴 때 함께 가지고 간 것이(with) 그것들, 빗장 그리고 모든 것이었다.

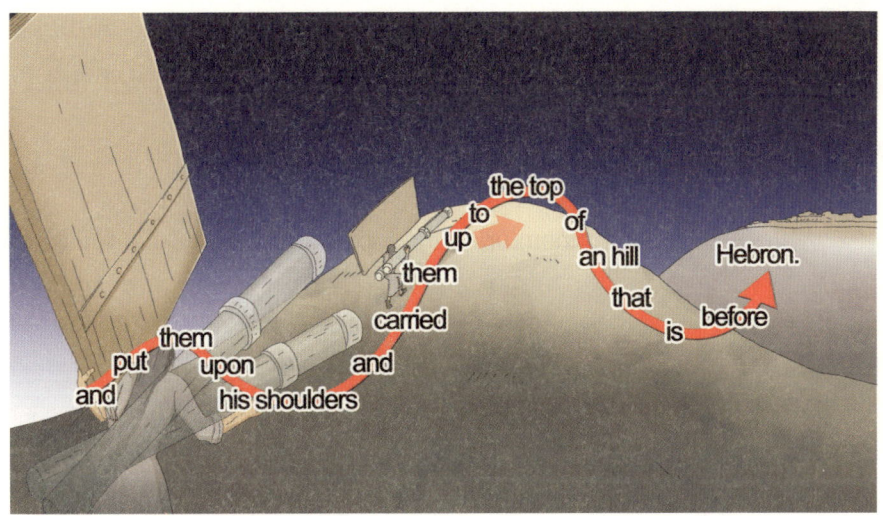

and put them upon his shoulders, and carried them up to the top of an hill that is before Hebron.

그리고 ▶ 놓았다 ▶ 그것들 ▶ upon ▶ 그의 어깨 ▶ 그리고 운반했다 ▶ 그것들 ▶ up ▶ to ▶ 꼭대기 ▶ of ▶ 언덕 ▶ that ▶ 있다 ▶ before ▶ 헤브론

　　그리고 놓았다. 그것들을, 그것들이 접하는 대상이 그의 어깨들이었고 운반을 해 갔다. 그 대상은 그것들이였고 이제 운반되어 가는 방향이 나온다. 위로(up) 가는데, 나아가 도착한 목적지가(to) 꼭대기고 연결된 바는 언덕이였다. 그리고 관계사 that을 이용해 언덕에 이어서 계속 말을 해 나갔다.

주어의 단계별 움직임을 나타냄 | **91**

그 언덕이(that) 있는데 앞에 있고 바라보는 것이(before) 헤브론이였다. 관계사 **that**은 뒤에서 다룰 예정이니 여기서는 그냥 앞 명사에 이어서 계속 말을 한다 정도로 이해하고 넘어가도록 하자.

위의 문장 중 carried them up to the top of an hill을 보면 carried them 다음에 전치사가 **up**과 **to**가 연달아 나왔는데 당황하지 말고 주어에서부터 순서대로 사고하면 자연스럽게 해결된다.

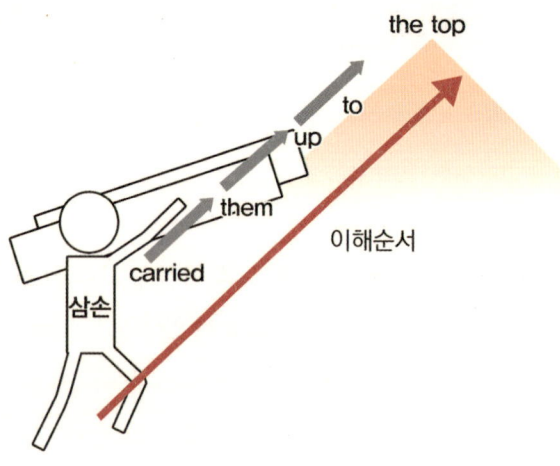

위의 문장처럼 전치사가 연달아 나오는 그림을 가지고 조금 더 연습 해보자.

A basketball player goes up for a shot over an opposing player during the game.

한 농구선수 ▶ 가다 ▶ up ▶ for ▶ 슛날리기 ▶ over ▶ 상대편 선수 ▶ during ▶ 게임.

A basketball player goes up for a shot

그림에서 제일 높이 뛰어오른 선수가 위로 슛을 시도하는 동작이 주요 장면이다. 주어인 그 선수로부터 동작 하나하나를 시간 순서대로 한번 분석해보자. 먼저 **go**(가다)이다. 그리고 그 방향이 **up**(위쪽)이다. 그러한 움직임의 목표가 **shot**(슛을 날리는 것)이다. 그런데 이를 한국말로 번역하기 위해서 제일 뒤에 있는 단어인 **a shot**에서부터 거꾸로 거슬러 올라와서 **"슛을 던지기 위해 위로 가다"**라고 하면 선수의 손끝에서부터 몸으로 내려오는, 완전한 역방향이 되고 만다.(이 그림은 전치사 몇 개가 함께 연속으로 이어지더라도 철저하게 순서대로만 나아가면 쉽게 이해할 수 있음과, 미묘한 동작의 부분 부분을 전치사로써 나타내는 영어의 순서대로 전개 그림 방식의 세밀함을 보여주는 데 안성맞춤이다.) 여기서는 **for**를 좀 더 자세히 살펴보자. 선수가 움직이는 방향이 **up**이고, 이어진 말이 **for a shot**이다.

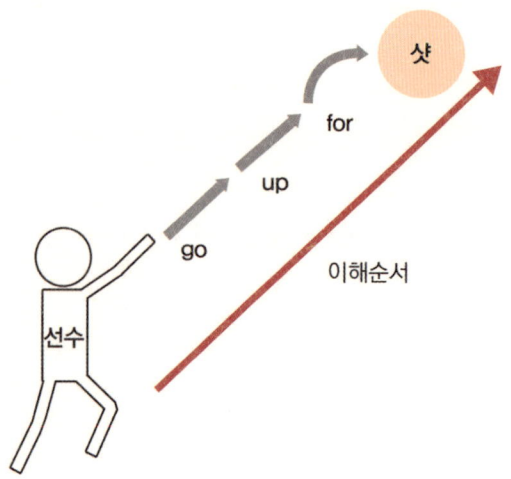

이 상황에서 전치사 for의 움직임은 당연히 위쪽으로 나아가는 것이다. 그렇게 하여 하고자 하는 바는 '**숯 날리기**'이다. 이렇게 그림 속 장면에서 확인되듯이, for의 의미는 "**앞으로 나아가는데 목표가 되는 바는~**"이다. 더 간단히 하면, 단지 포물선으로만 기억해둬도 무방하다. 그렇게 하면 순서도, 의미도 저절로 해결된다. 그래서 for는 간단히 "**(포물선이) 향하는 목표는~**"이라고 하면 된다.

사전에는 '**~을 위해서/~을 향해서/~때문에/~동안**' 등 다양한 for의 의미가 있지만, 원어민의 시각으로는 그저 이 기본 개념만으로 문장 내에서 자연스럽게 구체화된 의미가 만들어진다. 변명거리에 가서 꽂히는 포물선, 기간의 끝에 가서 꽂히는 포물선은 '**~ 때문에**' '**~동안**'이란 의미를 암기하고 있지 않아도 for의 기본 개념만 가지고 있으면 앞뒤 단어들과 어울려 저절로 이해된다. 이것이 바로 제대로 된 영어식 이해법이다. 이렇게 해야만 암기식 영어에서 벗어나 살아 있는 영어를 할 수 있다. 전치사가 연속된 예를 하나만 더 살펴보자.

He was brought up to be a musician.

(그 ▶ 키워지다 ▶ 위로 ▶ 죽 이어져 도달하는 지점은 ▶ 음악가)

그가 키워졌다. 위로 죽~, 그래서 도달하는 지점이 바로 '**음악가**'인 것이다. 여기서는 눈여겨볼 포인트가 바로 **up to**이다. 아무리 전치사가 여러 개 연속으로 사용된다 하더라도 앞에 있는 것부터 순서대로 동선을 따라가면 매우 간단한 문장 구조일 뿐이다. 위의 그림에서 보이듯이 전치사의 방향을 따라 그대로 이어가기만 하면 된다. **up**이니까 위로 올라가고, 거기에다가 **to**가 왔으니까 그 방향으로 계속 죽죽 나아가는 그림이 이어지는 것이다.

앞으로도 전치사가 연달아 나오더라도 절대 겁먹지 말고 이런 방법으로 차근차근 이해해 가시라.

a shot over an opposing player during the game

over에 이어 상대팀 선수가 나왔다. **over**는 당연히 '~의 위에'가 아니다.

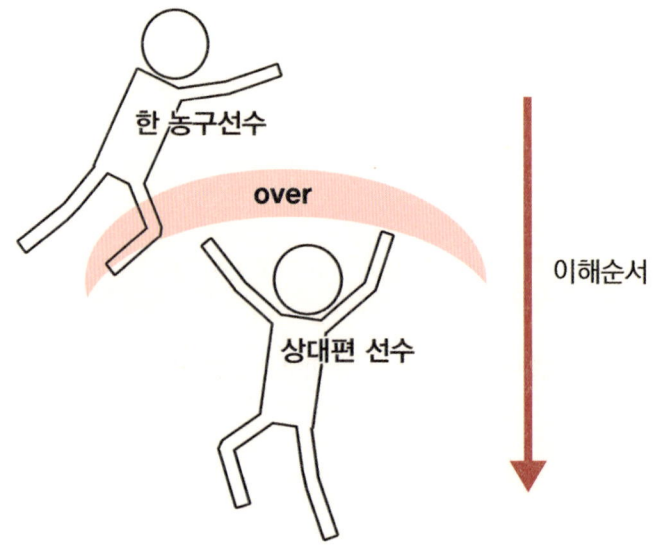

　그림에서 보면 위에 녹색 유니폼의 선수가 있고, 동작이 나오고, 그러고 나서 **over**가 있고, 아래에 상대 선수가 있다. 이렇게 순서만 놓고 보아도, **over**는 '앞에 있는 단어의 위치가 위이고, 그 아래에 있는 사람은(것은)~'이 되고, 다음으로 그 대상이 이어진다. 그래서 본문에서도 녹색 유니폼의 선수가 있는 위치가 위이고, 그 아래에 흰색 유니폼의 선수가 있지 않는가.

　여기서 잠깐 **above**와 비교해보면, 둘 다 앞 단어의 위치가 '위'임을 나타내는데, 차이는 **over**는 위에 있으면서 아래 있는 것을 덮고 있는 모양새라는 데 있다. 그림에서도 보면 위의 선수가 아래의 선수를 거의 덮고 있는 형국이다. **above**는 단지 뭔가가 그냥 위에 위치해 있고, 그 아래에 있는 것이 무엇인지만 알려줄 뿐이다. 그러나 **over** 다음에 오는 대상은 항상 뭔가에 덮여 있는 모양새에 가깝다. 그래서 **over**의 의미는 "위에서 덮고 있는데, 그 아래에 있는 것은~"이 되며, 간단히는 "아래에 덮여 있는 것은~"이라고 하면 된다.

'해외'라는 뜻의 overseas도 over의 의미를 제대로 이해하면 쉽게 머리에 들어온다. '(타고 날아가는 비행기의 궤적이) + 위에서 덮고 있고 그 아래에 있는 것은(over) + 바다들(seas)'. 즉, 비행기를 타고 날아가고 있는데 아래에 바다들이 있으니 해외로 나간다는 의미가 된 것이다.

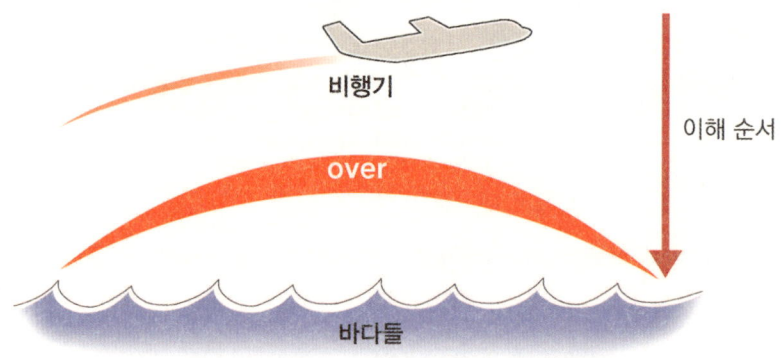

이렇게 단어 하나도 단순히 그냥 외우지 말고 기본 개념을 적용해가다 보면 낯선 단어도 쉽게 이해하게 된다. 암기를 통해 괴로웠던 영어공부가 이해를 통해 쉬워지고 재미있어지길 바란다.

during the game.

그때 동시에 진행되고 있는 일이(**during**) 바로 '**경기**'이다.

'**녹색 유니폼의 한 선수**'로부터 시작해서 시선이 위로 죽 올라갔다가 다시 아래로 내려와서 '**상대팀 선수**'를 만나고, 시야를 넓혀 '**게임**'이 진행되는 방향으로 움직이는 동선이 실제 상황과 문장의 전체 움직임이다.

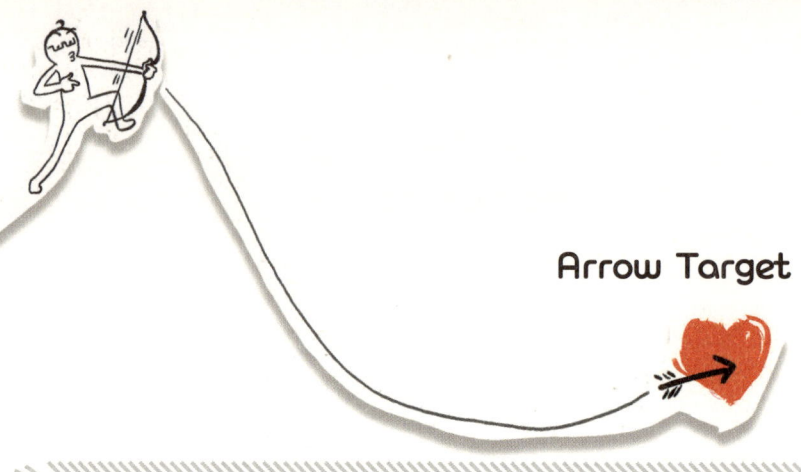

for : 앞으로 나아가는데, 목표가 되는 바는~

목표를 향해 날아가는 대포알이 그리는 포물선을 생각하면 안성맞춤이다. 이 포물선 for가 앞뒤 단어들과 어울려 다양한 의미들을 만들어내지만, 기본 의미만으로도 충분히 문장에 가장 적합한 의미가 자연스럽게 도출된다.

They fight for liberty.
(그들 ▶ 싸우다 ▶ 목표가 되는 바는 ▶ 자유)

His hometown is noted for its wine.
(그의 고향 ▶ 유명하다 ▶ 목표가 되는 바는(이유를 향해 날아가는 포물선) ▶ 그것의 포도주)

The event lasted for three hours.
(그 행사 ▶ 지속되었다 ▶ 목표가 되는 바는(지속된 기간의 끝을 향해 날아가는 포물선) ▶ 세 시간)

A+over+B : A가 위에서 덮고 있고, 그 아래에 있는 것은 B

앞에 나온 단어의 위치가 '위'에서 덮고 있음을 나타낸다. 따라서 간단히 '**아래에 덮여 있는 것은**'이라고 새기고, 다음에 이어지는 단어를 기다리면 된다.

I spread a blanket over the bed.
(나 ▶ 펴다 ▶ 한 담요 ▶ 아래 덮여 있는 것은 ▶ 침대)

We discussed the matter over dinner.
(우리 ▶ 논의했다 ▶ 그 문제 ▶ 아래 덮인 것은 ▶ 식사)

위에서 입으로 문제를 논의하는 동안 아래에서 손으로 하는 일은 식사이니, 물리적인 위치대로 주어에서부터 순서대로 그려보면 over보다 더 적합한 말은 없을 듯하다.

A+until+B : A가 죽 진행되다가 그 끝에 일어나는 일은 B

until은 앞의 동작이 언제까지 진행이 되는지 그 종점을 알려주는 신호이다.

He will work here until Sunday.
(그 ▶ 앞으로 할 바는 ▶ 일하다 ▶ 여기서 ▶ 지속되다가 끝나는 때는 ▶ 일요일)

7

숙어란 없다.
힘의 연속성만 있을 뿐

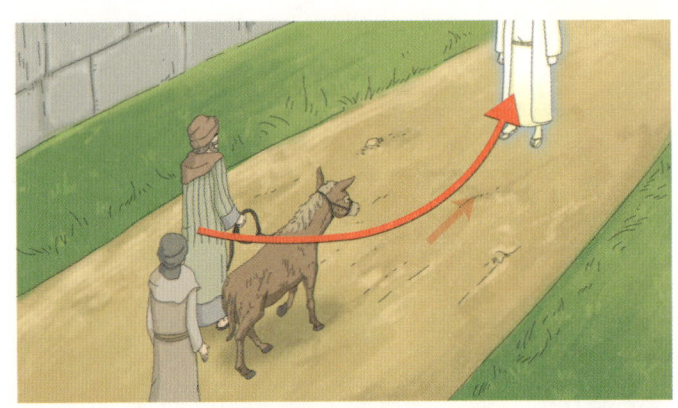

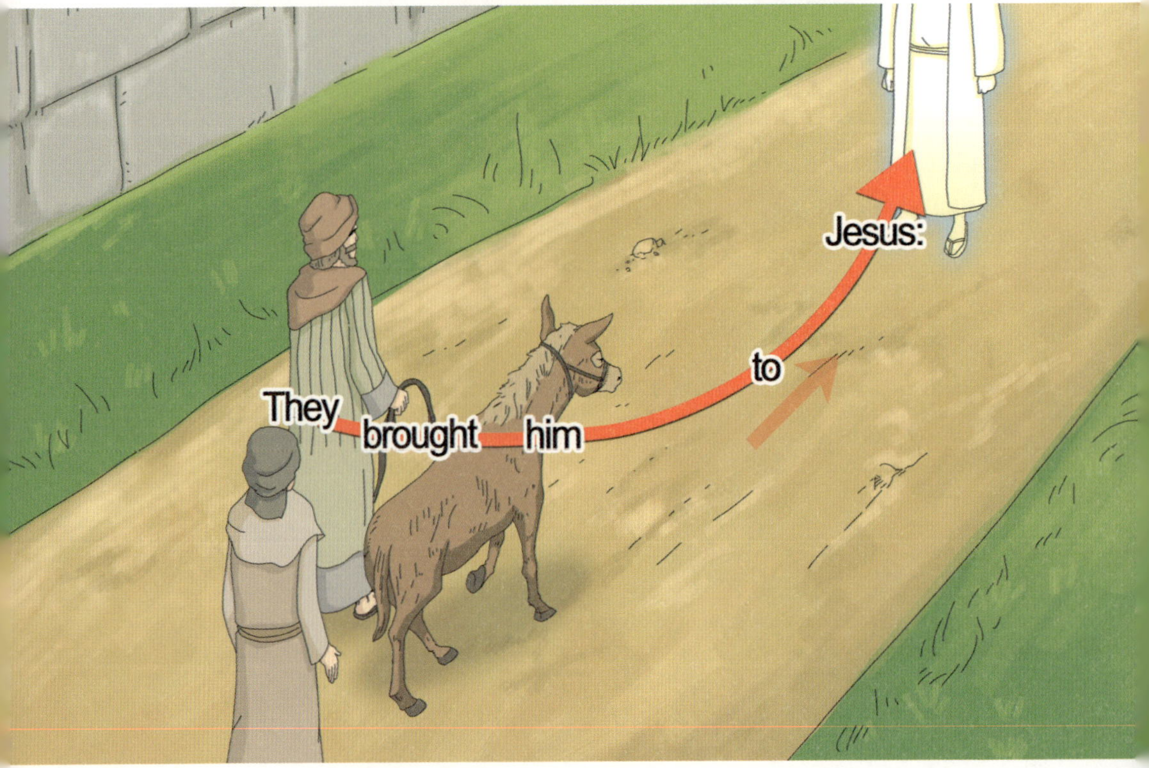

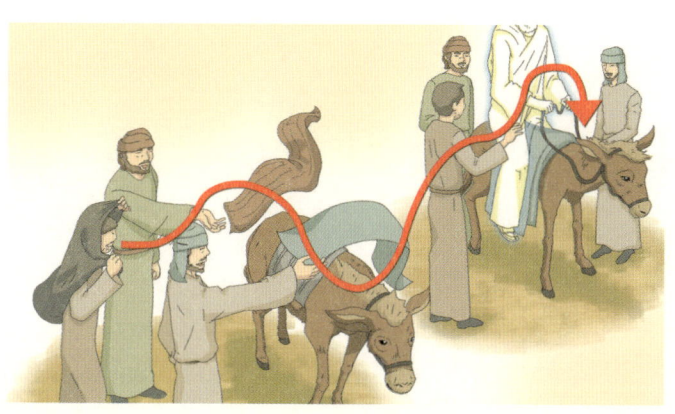

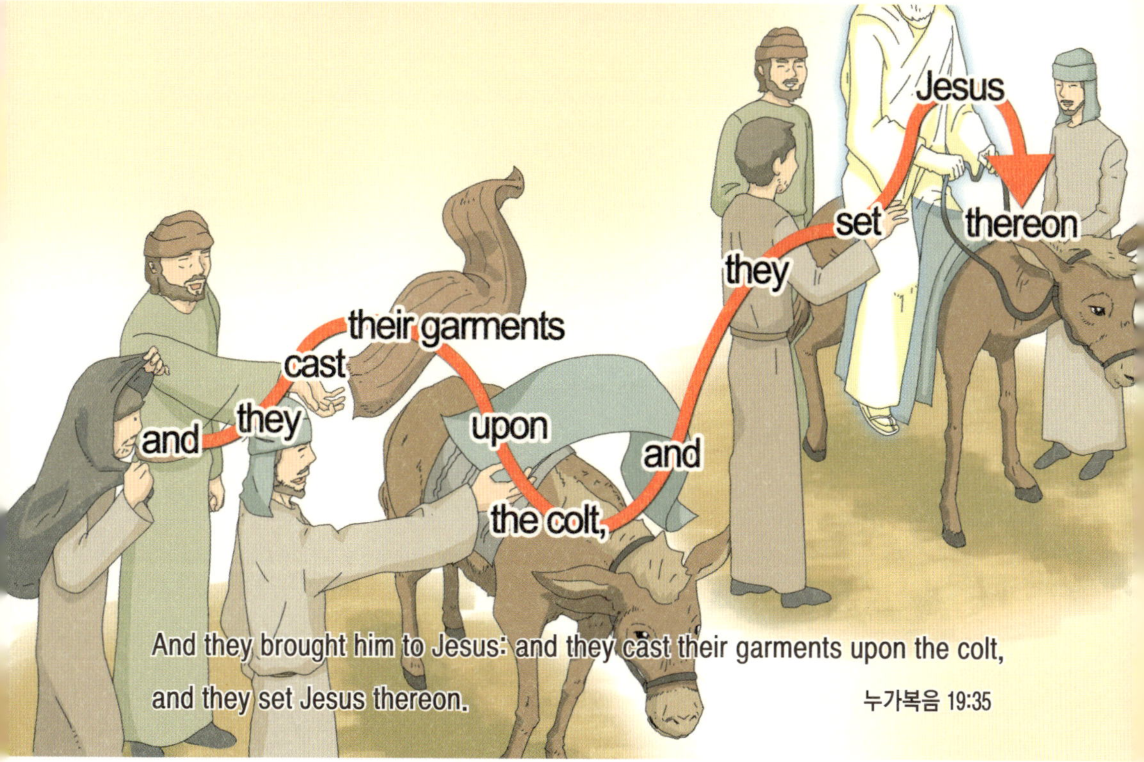

And they brought him to Jesus: and they cast their garments upon the colt, and they set Jesus thereon.

누가복음 19:35

They brought him(나귀) to Jesus:

그들이 ▶ 가져왔다 ▶ 나귀 ▶ to ▶ 예수님

그들이 뭔가를 가져오면 (bring) 당연히 그 물건은 어딘가에 도착하게(to) 된다. 그들이 한 동작이 가져오는 동작이고, 그 대상은 나귀였다. 그 결과 나아가 도착한 곳이 바로 예수님이었다.

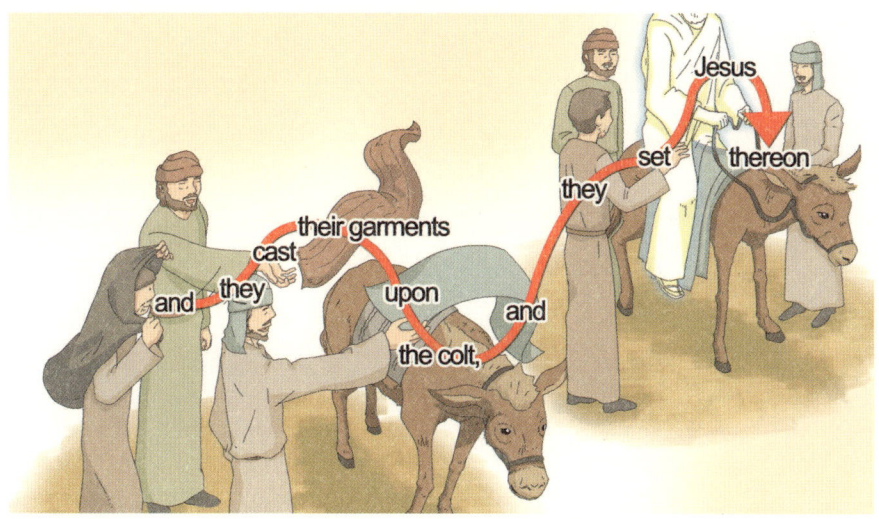

and they cast their garments upon the colt, and they set Jesus thereon.

▶ 그리고 ▶ 그들이 ▶ 던졌다 ▶ 자신들의 옷 ▶ upon ▶ 나귀 새끼,
▶ 그리고 ▶ 그들이 ▶ 놓았다 ▶ 예수님 ▶ 거기위에

또 사람이 뭔가를 던지면(cast) 그 물건은 어딘가에 닿을 수밖에(upon) 없다. 그들이 던졌고, 대상은 자신들의 옷이였는데 나아가 닿는 대상이 나귀 새끼였다. 그림으로 보면 너무나 이해가 쉽다. 한국말 해석보다 그림을 그리려고 애써야 한다.

본문처럼 주어에서 나온 힘이 던지는 동작이 나오면 이어서 그 대상이(옷)

나오고 주어에서부터 연속적으로 사고하면 자연스럽게 그 옷이 닿는 곳이 나귀 새끼임을 알 수 있다. 이러한 것을 주어에서부터 나온 힘의 연속성이라고 하는데, 이와 같은 힘의 연속성을 아래 다른 그림과 함께 좀 더 공부해보자.

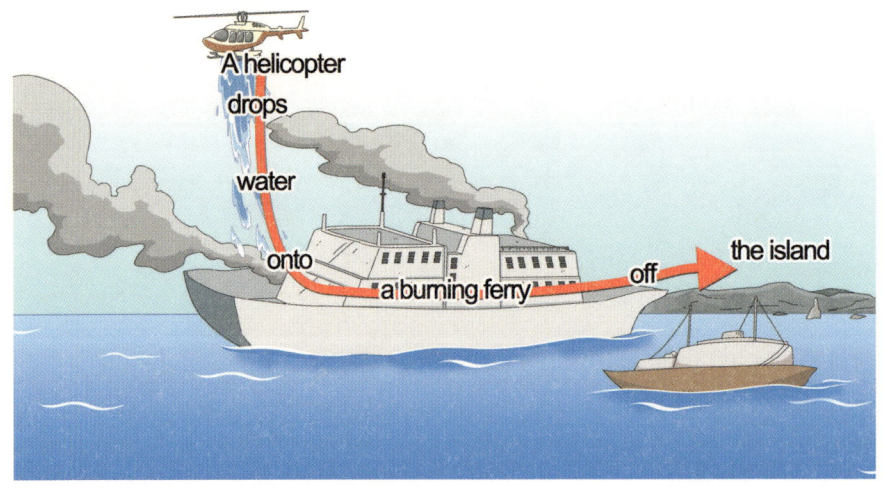

A helicopter drops water onto a burning ferry off the island.

한 헬리콥터 ▶ 떨어뜨리다 ▶ 물 ▶ onto ▶ 한 불타는 페리 ▶ off ▶ 섬

A helicopter drops water onto a burning ferry

그림 위쪽에 보이는 헬리콥터가 하는 동작은 **drop**이다. 그림에서 보듯이 아래로 떨어뜨리는 행동이다. 그 힘을 받는 대상은 **water**이다. 아래로 떨어뜨리니, 그 대상은 **drop**의 힘을 받아 어떤 방향으로 향해야 된다. 이런 힘의 연속

성에 대한 감을 가지고 onto라는 전치사를 보자.

onto는 생긴 모습대로 'on+to', 즉 '**목표를 향해 나아가서 접하게 된다**'는 의미이다. 물을 쏟아 부으니 당연히 물이 나아가서 접하게 되는데, 그 대상이 **a burning ferry**(불타고 있는 페리호)이다.

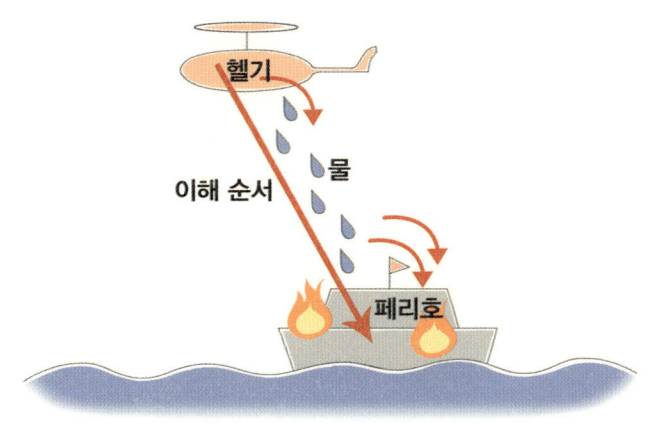

그림에서 확인되듯이, **onto a burning ferry**를 뒤의 **a burning ferry**부터 거꾸로 해석하여 "**불타는 페리호 위에**"라고 하는 건 상식적인 이치와 순서에도 맞지 않는다. 이렇게 하는 것이 한국말로는 익숙해서 자연스러울지 몰라도 **drop**에서부터 이어지는 힘의 연속성을 망가뜨려서 순서대로의 이해를 불가능하게 한다. 이런 식으로 하다보면, 나중에는 자연스럽게 영어가 주어에서부터 죽 순서대로 입에서 나오게 하는 능력을 영원히 가지지 못하는 불치병에 걸리고 만다. 그렇게 되면 생각하자마자 영어로 말을 하고자 하는 꿈은 요원해 진다.

주어에서부터 물 흐르듯이 순서대로 흘러가는 영어의 특성에 따르면, 동사에 이어서 뒤에 어떤 전치사가 와야 할지 거의 예측이 가능하다. 그래서 기존에 여러분이 '숙어'라며 동사와 전치사를 한 세트로 암기했던 것은 사실 그렇게 할 필요가 없던 헛수고였다. 영어를 배우는 데 '숙어'란 말은 필요가 없다.

영어에서 동사를 보면 가장 먼저 생각해볼 것이 힘의 방향이다.

주어에서 나오는 힘이 미는 힘(push)이거나 주는 힘(give)이거나 앞으로 전진 하는 힘인 가다(go)또는 달리다(run)가 오면 통상적으로 이어지는 전치사도 앞을 향하는 to, into, toward가 오게 마련이다.

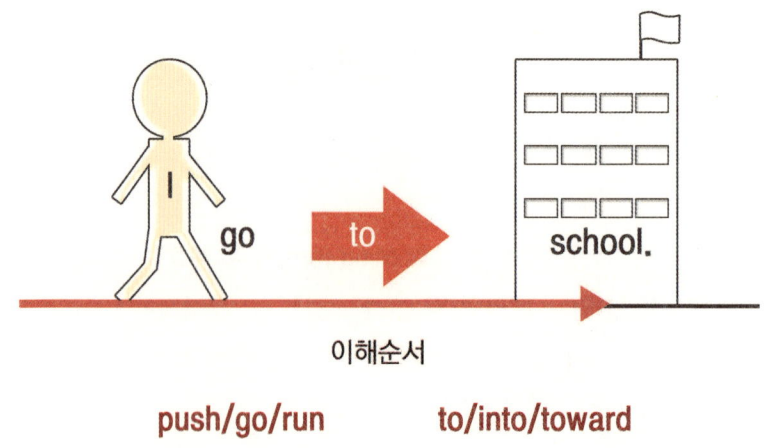

그래서 ▶▶ 와 같이 힘이 앞으로 연속적으로 죽 이어지게 된다.

반대로 주어에서 나오는 힘이 앞으로 당기는 힘(**pull, draw**)이면 뒤에 힘을 받는 대상은 앞쪽으로 당겨지니, 뒤에 올 전치사는 그 대상이 앞쪽으로 움직여 온 출발지를 나타내는 **from**이 오게 마련이다.

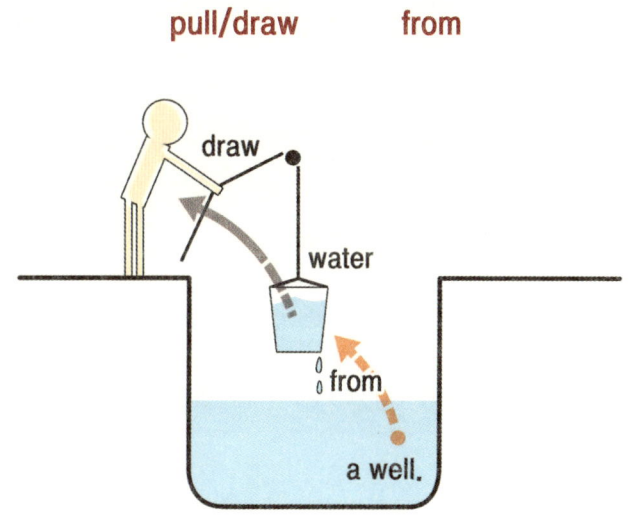

◀◀ 와 같이 이렇게 연속으로 이어지는 느낌이다.

이렇게 동사와 전치사가 세트로 연결되는 힘의 연결을 눈여겨보면 영어가 더욱 쉬워진다. 주어에서부터 순서대로 단어를 늘어놓기만 하면 되는 영어의 단순한 기본 법칙을 더욱 깊이 있게 깨닫게 되어, 참으로 읽는 순서대로, 들리는 순서대로 머리 속에서 그림이 좌악 그려지게 된다. 따라서 동사 다음에 꼭 어떤 전치사가 나온다고 암기할 게 아니라 그냥 힘의 연속성만 염두에 두면 동일한 방향의 전치사 종류 가운데 내가 마음먹은 대로 선택해서 말을 만들 수도 있게 된다.

　영어란 이렇게 암기과목이 아니라 이해과목일 뿐이다. 절대 한국말로 문장을 먼저 다 만들어 놓고는 이를 영어 단어로 교체하고, 그 다음에 기존 거꾸로식 영어 문법을 적용해 이리저리 말을 조합하지 마시라.

a burning ferry off the island

　순서가 불타고 있는 페리를 보고, 그 다음에 **off**가 나오고, 배 뒤편으로 섬이 보인다. 보다시피 **off**의 역할은 앞의 **a burning ferry**가 무엇으로부터 떨어져 나와 있는지를 보여주는 것이다. 즉, 단절을 의미한다.

　기존에는 **off** 하면 '~에서 떨어져서'라고 암기했을 것이다. 그러나 **"Off the record!"**라는 말을 한번 생각해보자. 정치인이 기자들과 얘기를 나누기 전, **"이제부터는 off the record임을 전제로 하고 얘기합시다"**라고 한 뒤 개인적인 의견이나 비밀스러운 얘기를 한다. **off the record**는 늘 '**비공식적인**'이라는 숙어로 암기 대상이었다. 하지만 **off**는 A와 B를 연결해주는 관절로서의 구실을 하기 때문에 당연히 그 앞과 뒤에 뭔가가 있어야 한다. 그런데 **off**가 바로 나왔다면 당연히 뭔가가 앞에서 생략되었다는 것이다. 왜 생략했을까? 말하는 사람과 듣는 사람이 당연히 알 만하기 때문에 생략한 것이다. 바로 지금 말하는 사람이 '하려는 말'이 생략되었다. **"(하려는 말) off the record"**이다. 그래서 '하려는 말이 떨어져 나와 있는데 그 단절의 대상이 바로 기록이다'가 된다. 그러니 당연히 '비공식적인' 것이 되는 셈이다.

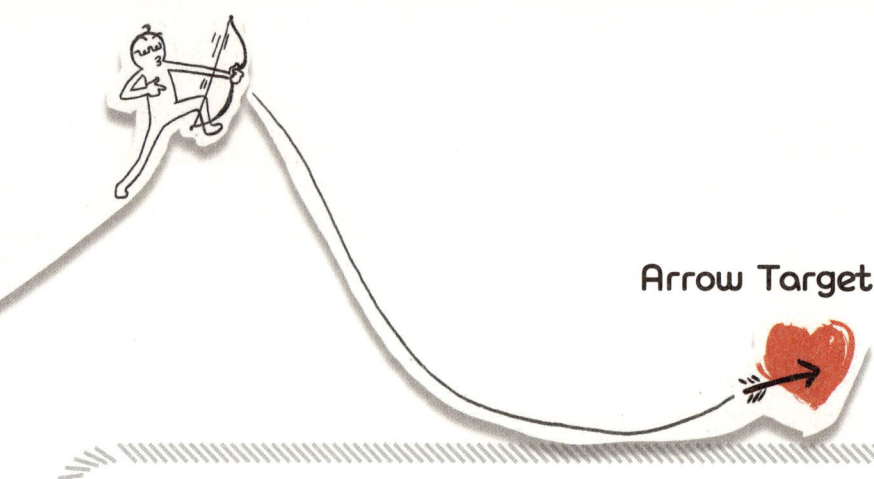

Arrow Target

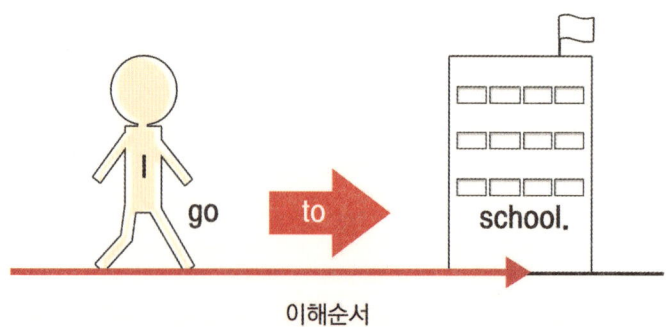

이해순서

I go to school.

나 ▶ 간다 ▶ 나아가서 만나는 것은 ▶ 학교

숙어란 없다, 화살표(힘)의 연속성이 있을 뿐

I draw water from a well.

나 ▶ 당긴다 ▶ 물 ▶ 나아온 출발지는 ▶ 우물

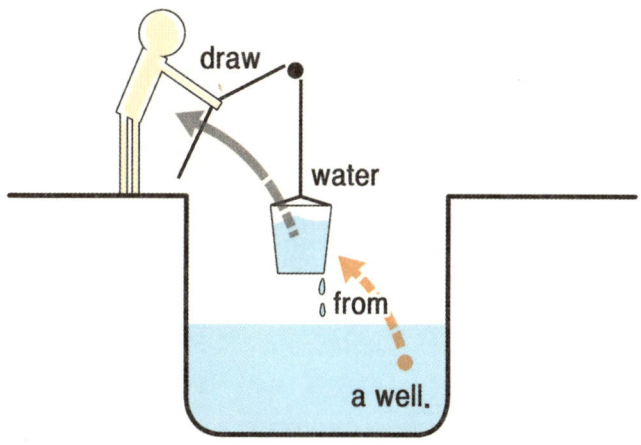

긴 영어 문장은 기본 단위와 기본 단위의 연결 (1)

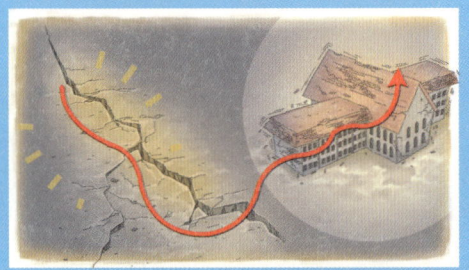

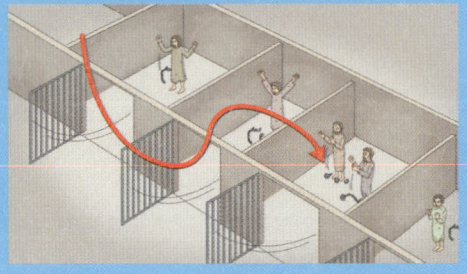

And at midnight Paul and Silas prayed, and sang praises unto God: and the prisoners heard them.

사도행전 16:25

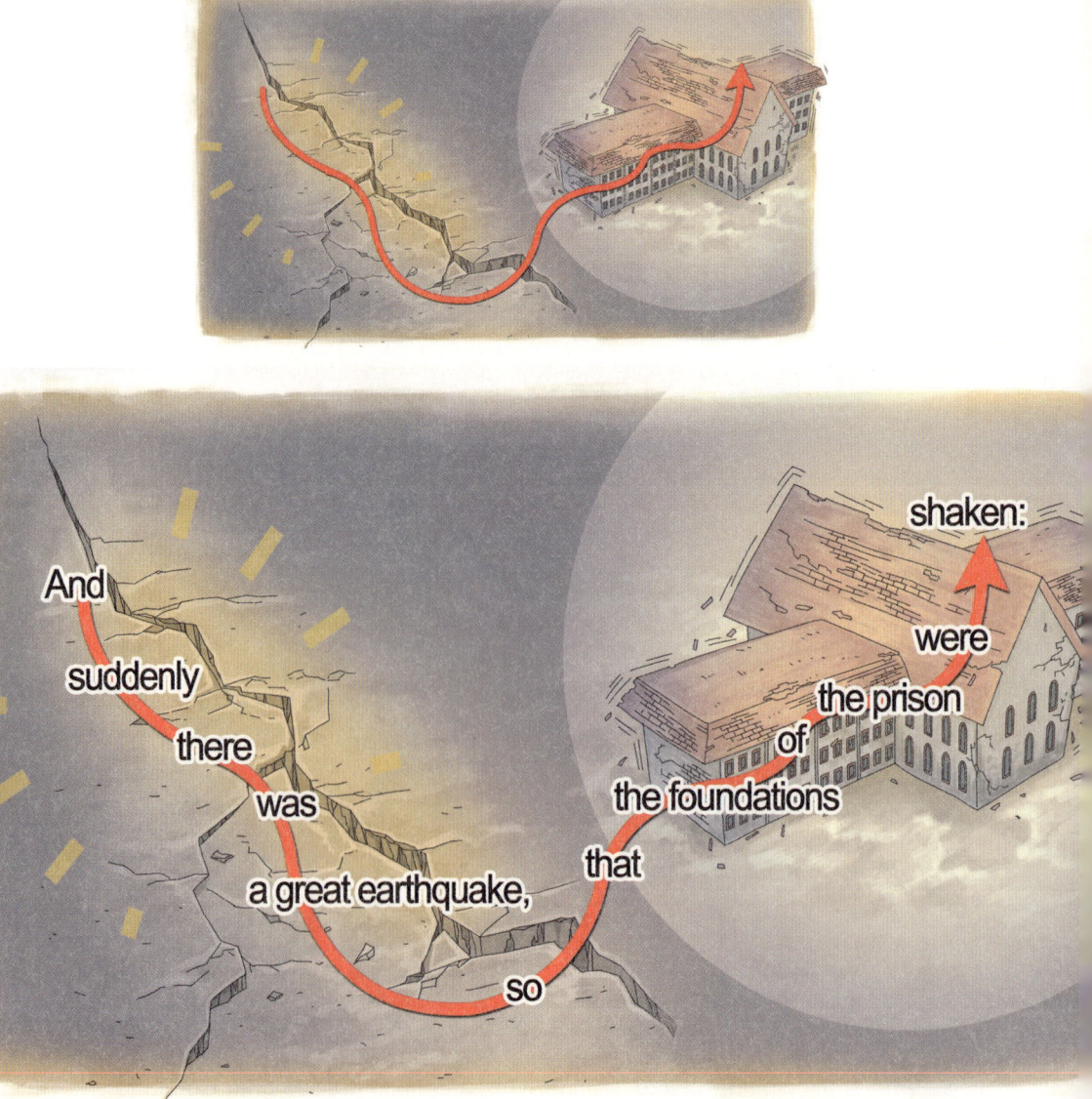

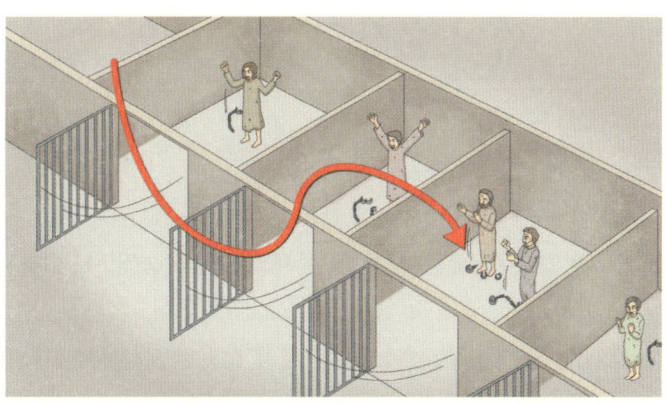

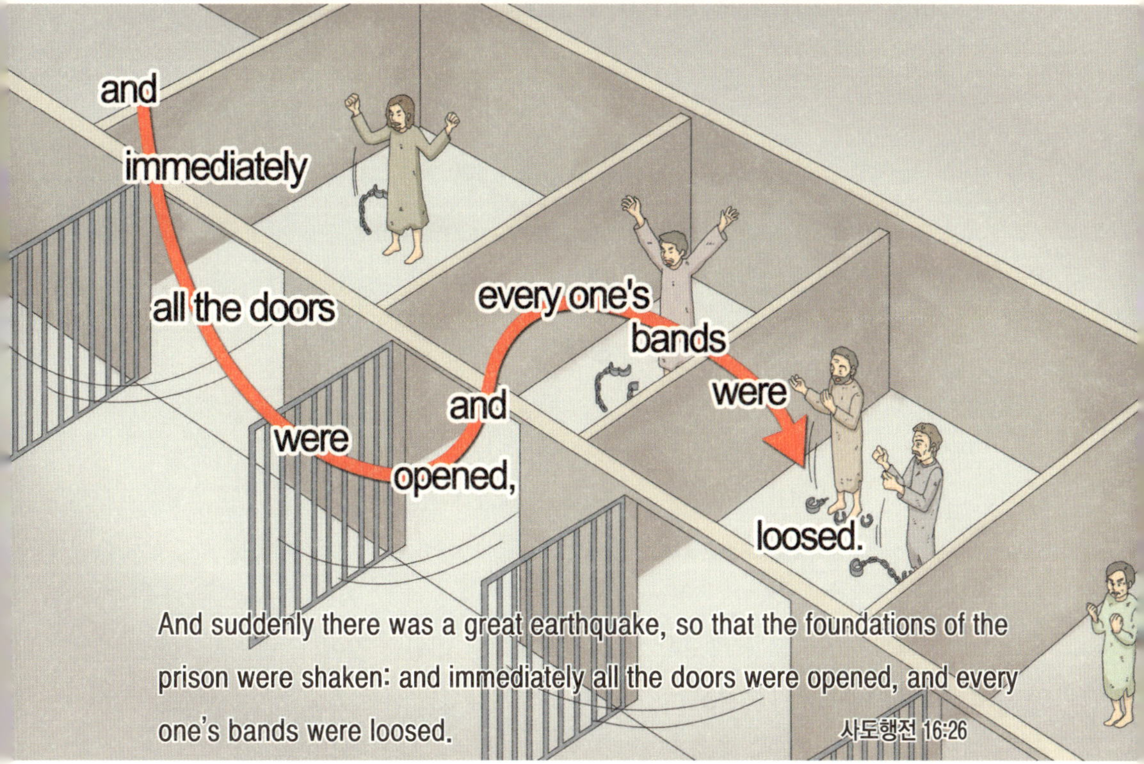

And suddenly there was a great earthquake, so that the foundations of the prison were shaken: and immediately all the doors were opened, and every one's bands were loosed.

사도행전 16:26

영어 문장의 기본 단위

영어에서 가장 기본이 되는 문장 구성 종류는 두 가지뿐이다.

1. 주어 ▶ 주어의 존재(be동사) ▶ 그 존재의 표현 모습(명사/ 형용사/ 힘을 받는 경우-과거분사)

2. 주어 ▶ 주어에서 발산된 힘(동사) ▶ 그 힘이 미치는 대상(목적어)

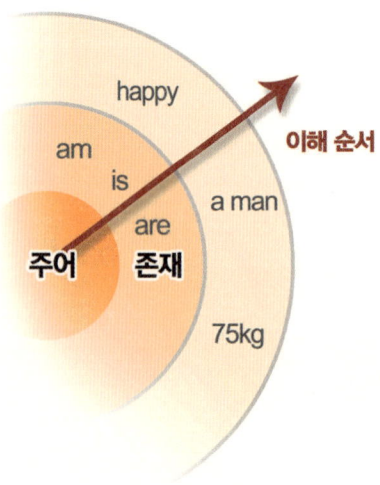

영어에는 5가지 문장 형식이 있다고 학교에서 배웠을 것이다. 하지만 4형식은 단지 '**주어+동사+목적어**'의 기본 단위에 '**to+사람**'이 첨가된 것일 뿐이라

는 점을 앞서 설명한 바 있다. 그리고 5형식에 해당하는 '**주어+동사+목적어+목적보어**'도 기본 단위의 목적어에다 부가 설명을 목적보어로 덧붙인 데 불과하다. 따라서 영어 문장의 기본 단위는 ①주어 + be동사 + **명사/형용사/과거분사** ②주어 + 동사 ③주어 + 동사 + 목적어가 전부다. 아무리 긴 문장도 사실 이 기본 단위와 기본 단위의 연결일 뿐이다.

그리고 학교에서 배운 그 복잡한 문법들은 간단히 말해 어떻게 말을 늘려가느냐에 대한 내용일 뿐이다. 즉, 영어로 말을 늘려가는 방법만 이해한다면, 영어 문법 대부분이 끝난다고 해도 과언이 아니다.

영어에서 말을 늘려가는 방법은 딱 두 가지!

첫째, 기본문 단위와 기본문 단위를 병렬시켜 1대1 대응으로 합치는 경우다. 즉, ⟨기본 단위⟩+⟨기본 단위⟩의 형태이다. 이 경우, 기본 단위와 기본 단위를 연결해주는 말이 바로 '**접속사**'이다.

둘째, 기본 단위의 구성 요소 가운데 명사를 다시 시작점으로 해서 곁그림 형태로 부가적인 설명을 하는 방식이다. 이때 사용되는 연결고리가 바로 '**관계사**'이다.

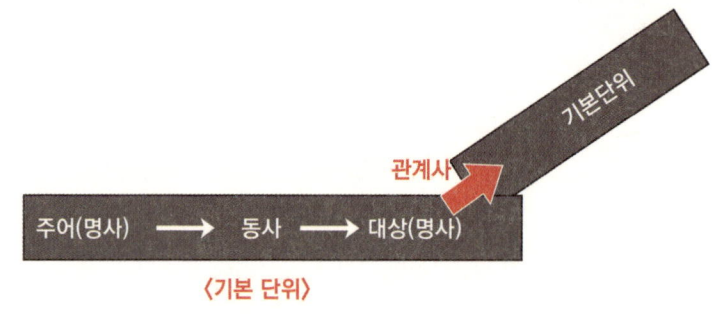

이렇게 영어에서 말을 늘려가는 방법은 크게 **2가지 방법**, 즉 **접속사와 관계사를 이용해서 늘리는 방법**이 있다. 일단 접속사부터 제대로 다시 배워보도록 하자. 접속사를 이용해서 말을 늘리는 방법은 기본문 단위와 기본문 단위를 병렬시켜 1대1 대응으로 합치는 경우다. 즉, 〈기본 단위 1〉+〈기본 단위 2〉의 형태이다. 이 경우, 기본 단위와 기본 단위를 연결해주는 말이 바로 '**접속사**'이다.

접속사들을 문장에서 만나면, 기존 거꾸로 해석식 영어에서는 큰 문제에

봉착한다. 다름 아닌 〈기본 단위 2〉의 문장을 다 거꾸로 해석하고 난 뒤에 중간에 끼인 접속사를 해석하고 그리고 나서 〈기본 단위 1〉로 거꾸로 해석해서 올라가야 하기 때문이다. 예를 들면, **because** 가 대표적이다.

　　I am happy because I own the company 와 같은 문장을 보면, 뒤에서부터 거꾸로 해석을 해 올라와서 '**나는 회사를 소유하고 있기 때문에 나는 행복하다**'하고 한다. 하지만 애로우 방식으로 순서대로 이해를 하면, **because** 를 그냥 "**이유가 되는 바는 ~**"이라고 하면 된다.

　　그렇게 하면 '**나 ▶ 이다 ▶ 행복한 ▶ 이유가 되는 바는 ▶ 나 ▶ 소유하다 ▶ 회사**'가 되어 편하게 앞으로 죽죽 이해를 할 수 있게 된다.

　　그래서 앞 본문에 나온 **so that** 이란 접속사도 고민하지 말고, 편하게 '**그래서~**'라고 통째로 순서대로 앞으로 나아갈 수 있도록 이해하면 간단히 해결된다. 접속사가 등장하면, 그 자리에서 바로 이해를 하고 다음 이어지는 문장으로 나아가면 될 일을, 처음 부터 이상하게 꼬이니 복잡해 질 뿐이었다.

　　앞에 나온 본문으로 돌아 가보자. 사도행전 16장 말씀이다.

　　25절부터 차근차근 이해해 보자.

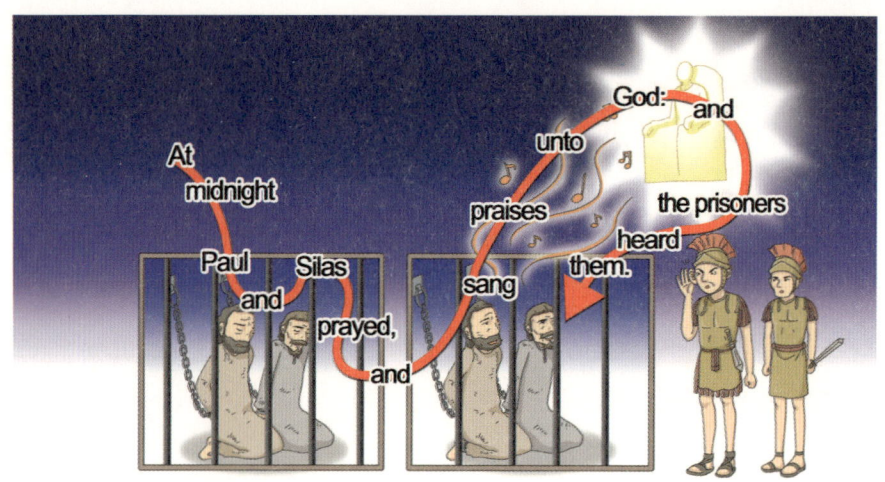

At midnight Paul and Silas prayed, and sang praises unto God: and the prisoners heard them.

▶ At ▶ 한밤 ▶ 바울과 실라 ▶ 기도 했다 ▶ 그리고 ▶ 노래했다 ▶ 찬양들
▶ unto ▶ 하나님: 그리고 ▶ 죄수들 ▶ 들었다 ▶ 그들

　　At 은 '점으로 접하는 대상은~'이라고 이해하면 된다. 시계 바늘 끝이 접하는 점은 시점인데 midnight 한밤이다. 그때 바울과 실라가 기도했고 노래를 했는데 그것들이 바로 찬양들이였다. 그리고 나서 unto가 나오는데, 기도와 찬양은 대상이 필요하지 않은가 그래서 unto는 그냥 '나아가 만나는 대상은~'이라고 이해하면 된다. 기도와 찬양의 대상이 바로 하나님이였고, 그리고 죄수들도 들었다. 그들이 기도하고 찬양하는 것을.

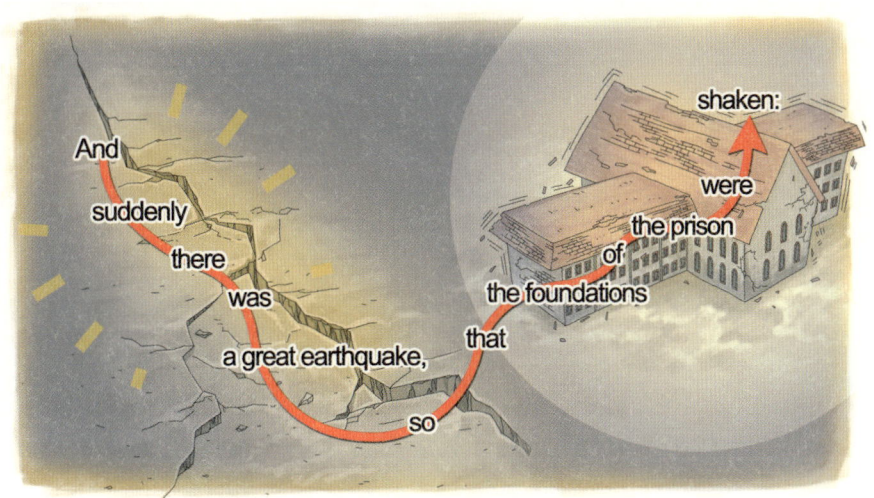

And suddenly there was a great earthquake, so that (접속사) the foundations of the prison were shaken:

그리고 ▶ 갑자기 ▶ 그곳에 ▶ 있었다 ▶ 한 큰 지진 ▶ so that ▶ 그 기초들 ▶ of ▶ 감옥 ▶ 였다 ▶ 흔들리다.

26절로 넘어왔다. 그리고 갑자기 그곳에 있었던 것이 큰 지진이다. So that 은 앞에서 배운 대로 이해해서 '그래서' 그 기초들 of(연결된 것은) 감옥이고, 그것들이 were shaken 흔들렸다.

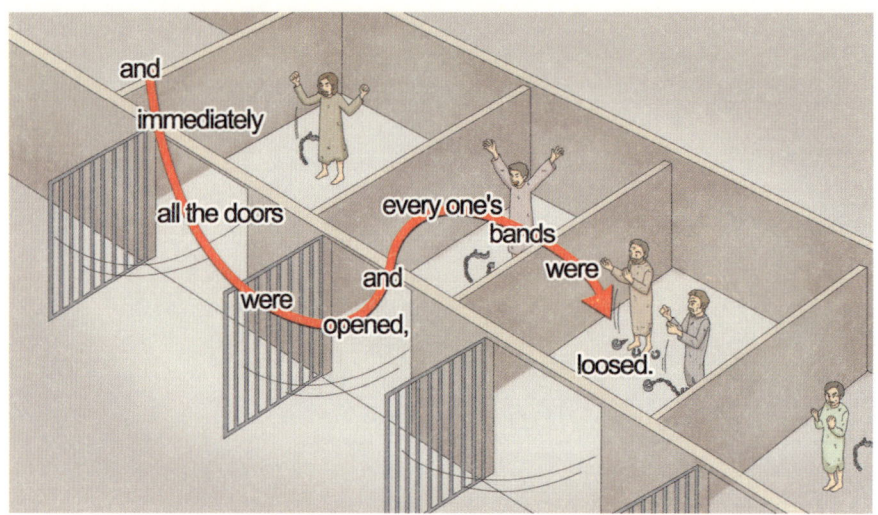

and immediately all the doors were opened, and every one's bands were loosed.

그리고 ▶ 즉시 ▶ 모든 문들 ▶ 였다 ▶ 열리다 ▶ 그리고 ▶ 모든 사람의 결박들 ▶ 였다 ▶ 풀리다.

그리고 즉시 모든 문들이 열렸다. 그리고 모든 사람의 결박들이 풀렸다.

Arrow Target

영어에서 말은 늘려가는 방법은 딱 두 가지

1) 기본문 단위와 기본문 단위를 병렬시켜 1대1 대응으로 합치는 경우다. 즉, 〈기본 단위〉+〈기본 단위〉의 형태이다.

| 기본단위 | 접속사 | 기본단위 |

영어에서 말을 늘려가는 방법은 딱 두 가지

2) 기본 단위의 구성 요소 가운데 명사를 다시 시작점으로 해서 곁그림 형태로 부가적인 설명을 하는 방식이다. 이때 사용되는 연결고리가 바로 '관계사'이다.

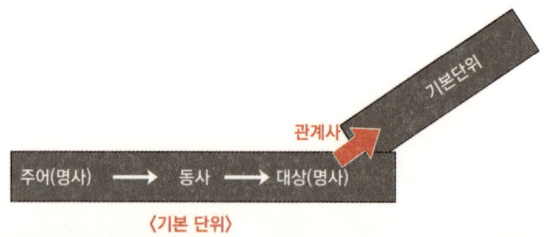

9

긴 영어 문장은 기본 단위 와 기본 단위의 연결 (2)

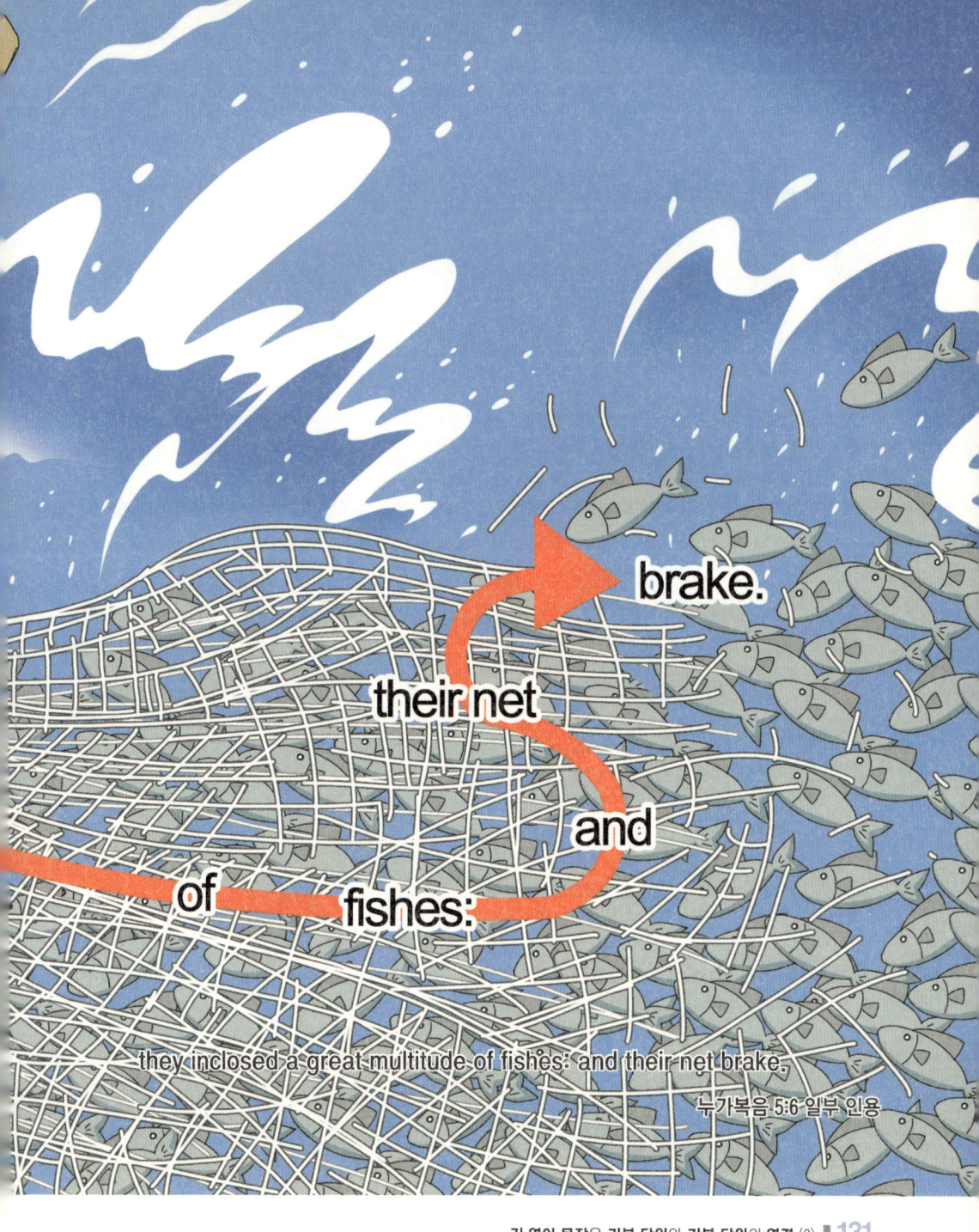

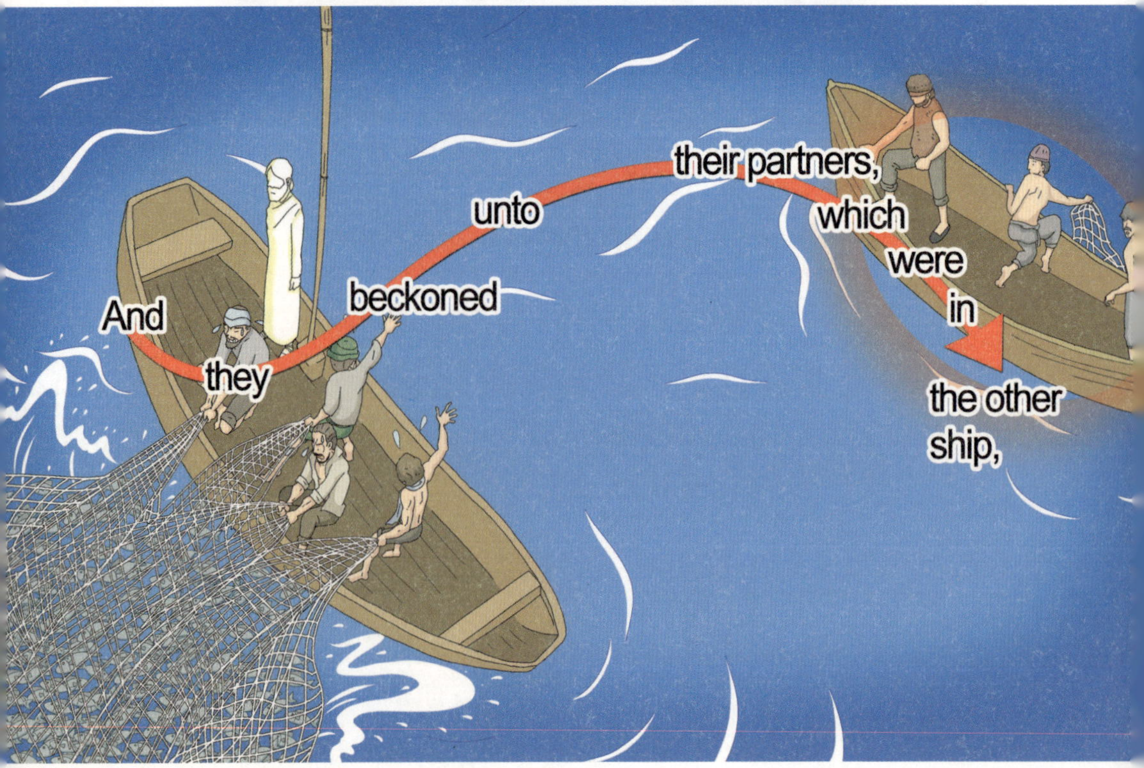

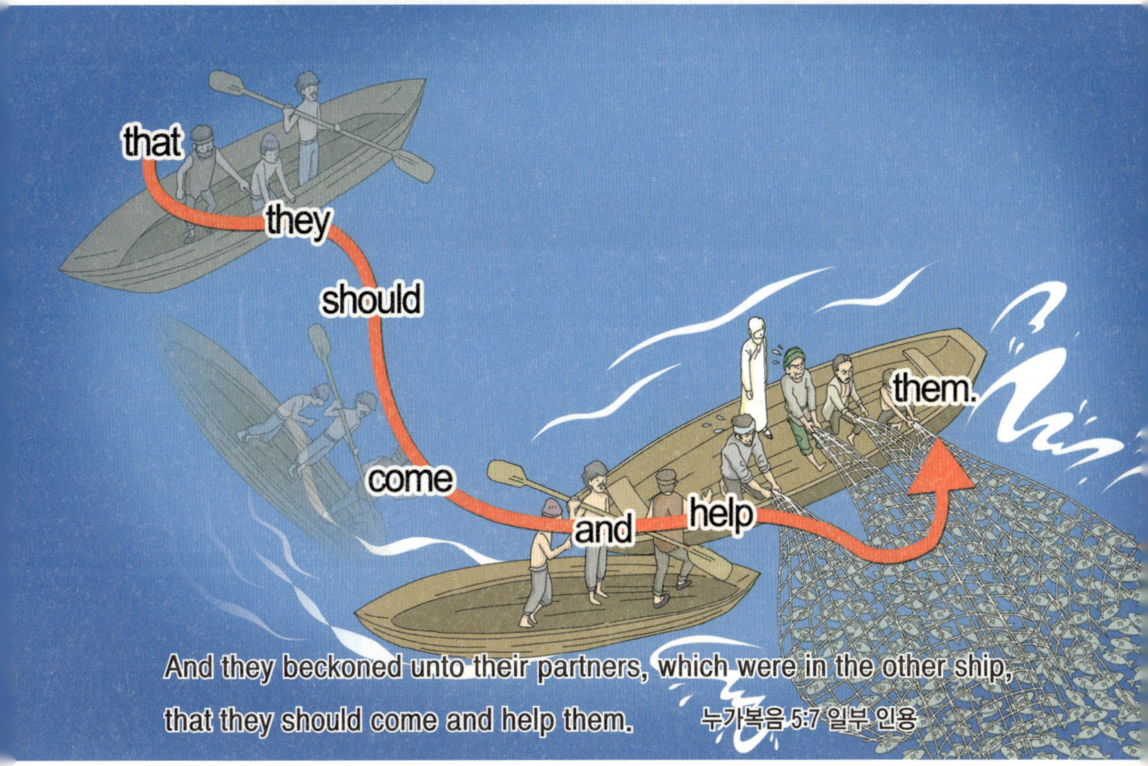

And they beckoned unto their partners, which were in the other ship, that they should come and help them. 누가복음 5:7 일부 인용

기본 단위의 구성 요소들 가운데 관계사를 이용해 새롭게 그림을 그려 나갈 수 있는 것은 '**명사**'뿐이다. 손에 잡히는 실체가 있어야 뭔가 연결될 수 있지 않겠는가. **be동사, 형용사, 과거분사, 동사**는 손에 잡히는 뭔가가 아니다. 그래서 명사의 모습을 띠는 주어, **be**동사 뒤의 명사, 동사의 목적어에서만 말이 연결되어 늘어날 수 있다는 점을 분명히 기억해두기 바란다. 이렇다 보니 영어는 '**명사**'만 나왔다 하면 말하는 사람이 원하는 대로 무한히 말을 이어갈 수 있다. 그래서 아래 그림과 같은 구조가 가능하다.

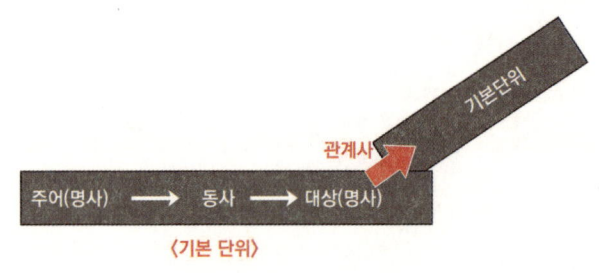

　누가복음 5장 6절부터 먼저 그림과 단어를 하나 하나 연결시켜 나가보자. 우리가 이러한 작업을 통해서 배우는 가장 큰 효과는 영어란 언어가 참 단순하게 주어에서부터 움직이는 순서대로 말이 만들어 진다는 법칙을 익히는 것이다.

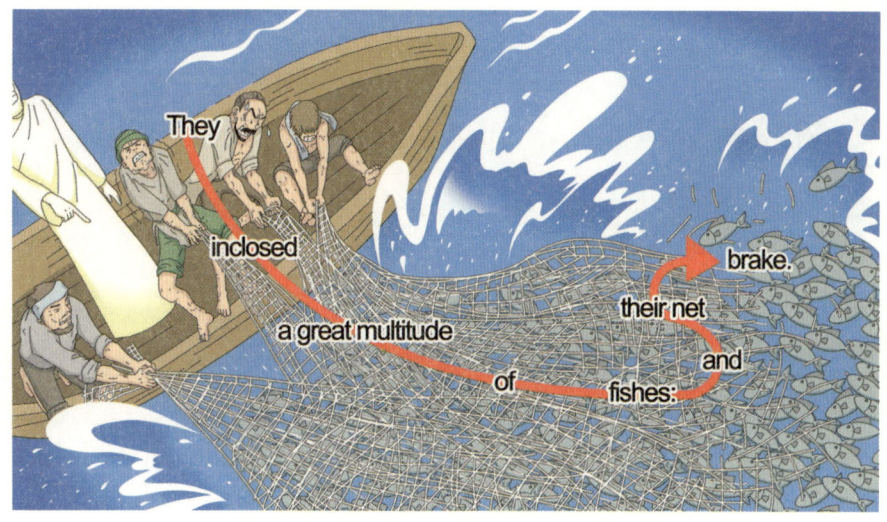

They inclosed a great multitude of fishes: and their net brake.
그들 ▶ 잡았다 ▶ 심히 많은 수 ▶ of ▶ 물고기들 : 그들의 그물 ▶ 찢어졌다

그림에 보면 주어로 등장하는 they 는 바로 어부들이다. 그들이 잡았는데 그 대상이 뭔지 살펴 보자. 그랬더니 먼저 그 숫자가 보인다. 그 숫자는 **a great multitude** 즉, 심히 많은 수였다. 그렇다면 이제 그림을 따라서 그 숫자의 실체가 무엇인지 확인해 보자. 그래서 **'관련이 있는 바는'** 이란 의미를 가진 전치사 **of** 가 등장한다. 심히 많은 수와 관련이 있는 바가 바로 물고기들이었다. 그래서 그들의 그물이 찢어졌다.

이런 상황에서 이제 7절로 넘어간다.

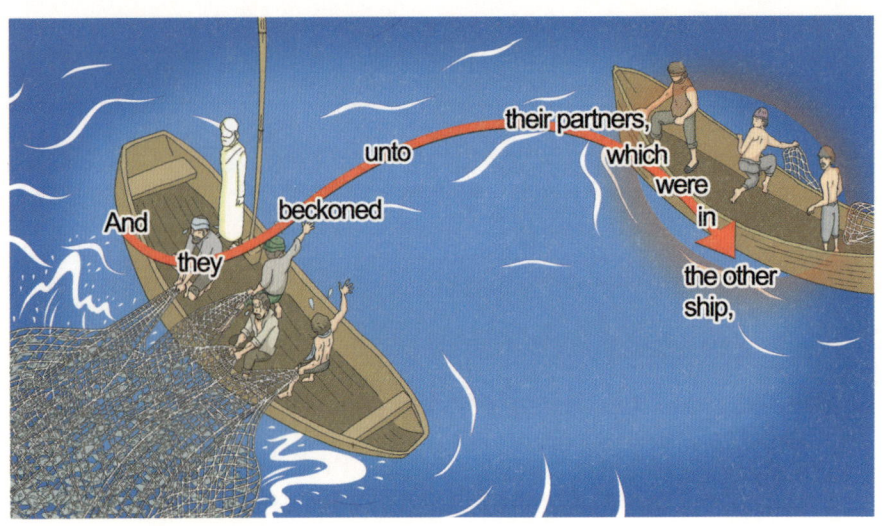

And they beckoned unto [their] partners, which were in the other ship, that they should come and help them.

and ▶ 그들 ▶ 손짓했다 ▶ 나아가서 만난 것은 ▶ 그들의 동료들 ▶ which ▶ 있었다 ▶ in ▶ 다른 배 ▶ that ▶ 그들이 ▶ should ▶ 오다 ▶ 그리고 ▶ 돕다 ▶ 그들

앞에 나온 그림에 이어서 다음 그림이 등장한다. 주어는 어부들(그들 they)이다. 그들이 손짓했는데 그 대상은 (unto) 그들의 동료들이다. 그리고 난 뒤에 which 가 등장했다. Which 를 계기로 관계사를 살펴 보도록 하자.

앞에 영어로 말을 늘리는 방법이 딱 두 가지라고 했는데, 먼저 접속사는 살펴보았으니 이제 관계사를 살펴보도록 하자. **which** 는 그냥 앞에 나온 대상을 시작점으로 해서 다시 다시 문장이 시작된다는 신호이다. 우리말은 이런 문장을 만나면, **"다른 배에 타고 있던 그들의 동료들"**과 같이 '**그들의 동료들**' 앞에다 뒤의 내용을 끌어와서 부가 설명하는 식, 즉 거꾸로 꾸며주는 문장구조를 취한다. 그러나 영어는 이런 식으로 설명하는 문장 구조가 불가능하다. 주어에서부터 순서대로 나열하는 영어의 절대원칙 때문이다.

어떤 명사에 대해 설명을 더하고 싶다면, 어떠한 경우에도 먼저 그 명사가 일단 존재한 뒤에야 그 뒤에 설명하는 말들이 올 수 있는 것이 원어민들의 언어사고이다. 그래서 그들의 동료들이 일단 먼저 등장을 하고, 그 다음에 이 사람들에 대한 부가적인 설명이 뒤에 이어지는 것이다.

~ which ▶ were ▶ in ▶ the other ship

~ 그들이(which) ▶ 있었는데 ▶ in (안에 있고 둘러싼 곳이) ▶ 다른 배였다.

도표로 그려보면 더욱 더 분명해진다.

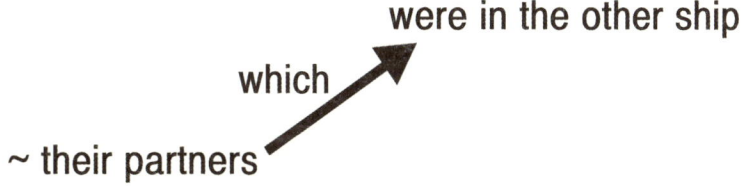

기본 단위의 구성 요소들 가운데 관계사를 이용해 새롭게 그림을 그려 나갈 수 있는 것은 **'명사'**뿐이라고 앞에서 설명했다. 손에 잡히는 실체인 명사의 모습을 띠는 주어, be동사 뒤의 명사, 동사의 목적어에서만 말이 연결되어 늘어날 수 있다는 점을 분명히 기억해두기 바란다. 그래서 이와 같은 구조들이 쉽게 이해가 가도록 그림으로 풀어보면 다음과 같다.

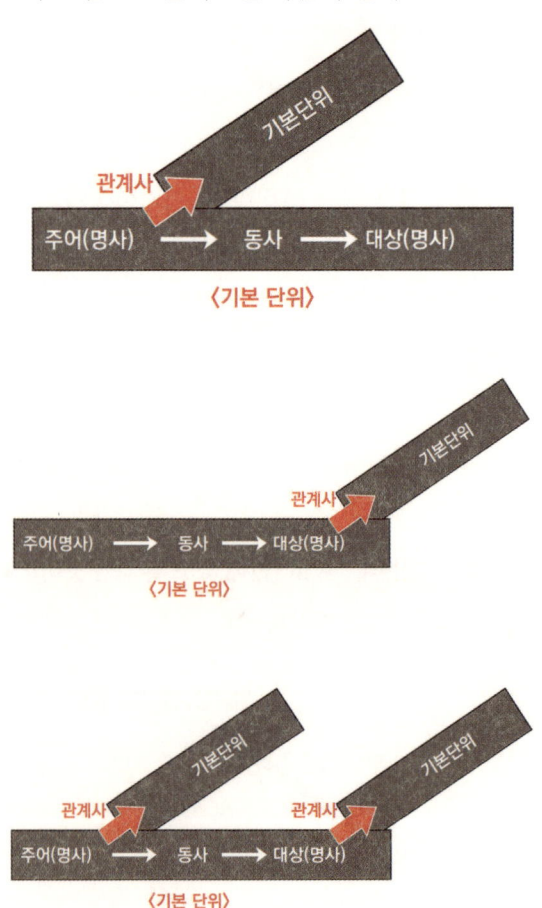

특히 관계사는 앞 단어와 연관을 맺은 채 곁그림으로 빠져서 부가 설명을 한다는 교통신호로 인식하고, 관계사를 보는 순간 **'아~! 옆으로 빠져서 부가 설명을 하려는 거구나'** 하고 동시에 새로 또 하나의 그림을 그려 가면 된다. 아무리 긴 문장을 만나도 겁먹을 필요 없다. 그저 기본 단위에 맞춰 단어 순서대로 그림을 그려가다가 관계사와 같이 말 늘리는 연결고리를 만나면 자연스럽게 옆으로 빠지는 그림을 하나 그려나가면 된다.

주어에서 바로 빠진 경우는 **'관계사'**를 통해 곁그림 하나 그리고 나서, 다시 그 곁그림과 상관 없는 단어가 등장하면, 본그림에 해당하는 요소로 이해를 하고 원래 그림에 이어서 그려 나가면 된다.

학교에서 배운 모든 내용이 우리말 해석에 근거한 거꾸로 해석법이다 보니, 말 늘리기에 해당하는 관계사로 이어지는 부분들을 무조건 수식구조로만 이해했었다. 그래서 영문을 읽어 나가다가 조금만 긴 문장이 나오면 무엇이 무엇을 수식하는지 찾고 분석하기 위해 이리저리 왔다 갔다 하다가 시간을 다 보낸다. 영어 문장은 어떤 경우에도 뒤로 돌아가서 해석될 수 없다. 절대 관계사나 접속사로 이어지는 문장들을 앞에 나온 단어나 문장을 거꾸로 꾸며주는 구조로 이해해서는 안 된다.

관계사를 통해서 새로운 곁그림이 그려질 때

꼭 기억해야 할 점이 하나 더 있다. 그것은 바로 관계사를 통하는 순간 명사는 과거를 완전히 잊어버리고 새 출발한다는 사실이다. 앞 문장에서 그 명사가 주어였다고 해도 이어지는 문장에서는 목적어가 될 수도 있고, 앞 문장에서 그 명사의 역할이 목적어였다고 해도 주어로 변신이 가능하다는 말이다. 어떻게 그렇게 될 수 있을까?

우리말에서는 어떤 명사가 주어라면 '은/는/이/가', 목적어라면 '을/를'의 조사가 붙어서 그 명사가 문장의 어느 위치에 있든 목적어가 주어가 되거나 주어가 목적어가 되는 일은 불가능하다. 하지만 **영어는 우리말과 달리 명사 뒤에 붙어서 그 역할을 정해주는 '은/는/이/가/을/를'과 같은 조사가 없다.** 그런 주격 조사나 목적격 조사 따위가 없어도 영어가 의사소통이 되는 이유는, 주어로 삼은 대상으로부터 순서대로 나열하기만 하면 구태여 어느 것이 주어인지 목적어인지 알려주지 않아도 자연스레 무엇이 주어인지 목적어인지를 알 수 있게 되기 때문이다. 그러니 필요도 없는 '은/는/이/가/을/를'과 같은 조사를 만들 이유가 없는 것이다. 그래서 단지 명사 그 자체로만 보아서는 그것이 주어인지 목적어인지 알 수가 없다. 이런 특성으로 인해, 관계사를 통해 새롭게 그림을 그릴 때 앞에 나온 명사가 이전에 어떤 역할을 했었는지에 구애되받지 않는 것이다.

실용적인 측면에서 다양하게 변신이 가능한 관계사의 역할을 쉽게 분별하는 노하우를 알려드리자면, 관계사 뒤에 바로 **be** 동사나 동사가 오면 그 관계사는 '**주어의 역할**'이다.

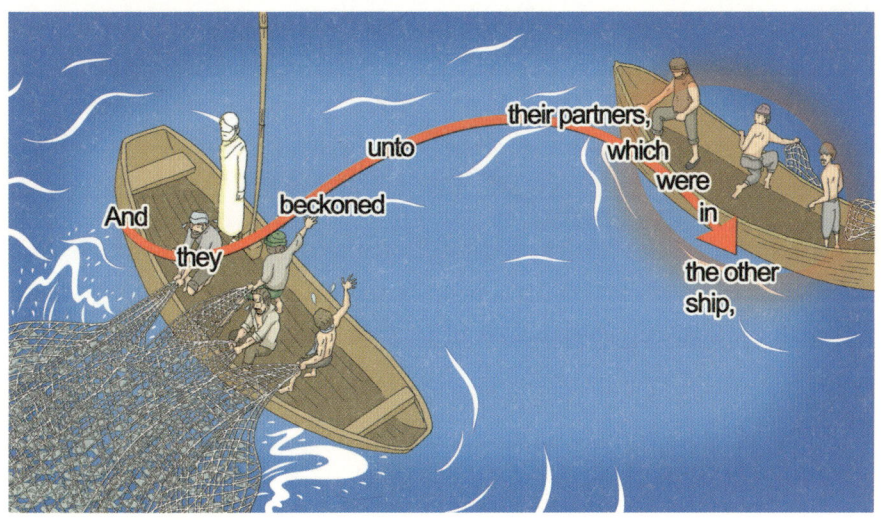

their partners, which were in the other ship

그들의 동료들 다음에 **which** 란 관계사가 오고 그 뒤에 바로 **be** 동사 **were** 가 따라오는 것을 보기 때문에 **which** 가 주어 역할을 하는 구나 라고 바로 알아차릴 수 있다. 다음 예문 가지고 한번 더 훈련을 하면, 좀 더 쉽게 이해될 것이다.

I see my friend who plays in the park.

나 ▶ 보다 ▶ 내 친구 ▶ 그는(who) ▶ 논다 ▶ 둘러싼 장소는 ▶ 공원

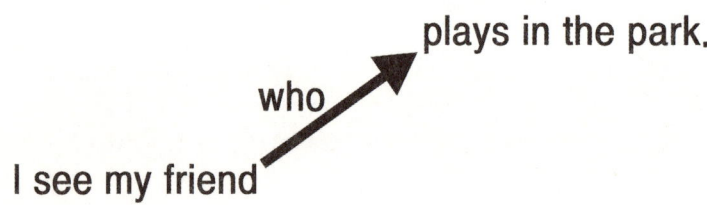

이제 다른 경우다. 관계사 뒤에 다른 명사가 바로 이어지면 그 명사가 주어가 되어 새로운 그림이 시작이 되는 것이므로, 그 관계사는 주어가 될 수는 절대 없고 단지 문장의 기본 단위에서 명사가 하는 역할 가운데 '**주어 외의 역할**'이 된다. 기본 단위에서 주어를 제외한 명사의 다른 구실은 '**be동사 뒤의 명사**'나 '**동사의 목적어**'이다. 이 점만 명심하면 관계사와 관련하여 어려운 점은 모두 해결된다.

Choose a job which you love!

스티브 잡스가 한 유명한 말이다.

선택해라 ▶ 하나의 일 ▶ which 그것 ▶ 그리고 바로 **you** 란 명사 등장한 것을 보면 이 **you**가 주어인줄 눈치채면 된다. 그럼 이제 앞의 **a job** 을 다시

받아서 말을 늘여가는 which 는 you love 란 문장의 목적어가 될 수 밖에 없다.

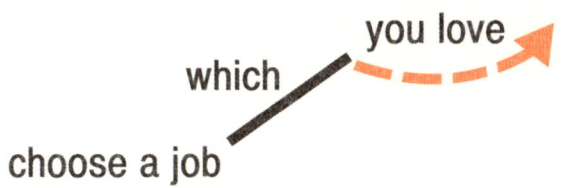

그래서 의미는

"선택해라 ▶ 하나의 일 ▶ 그것 ▶ 당신이 ▶ 사랑하다"

다시 성경 본문으로 돌아와서 7절의 후반 부분의 이해를 마무리 하자.

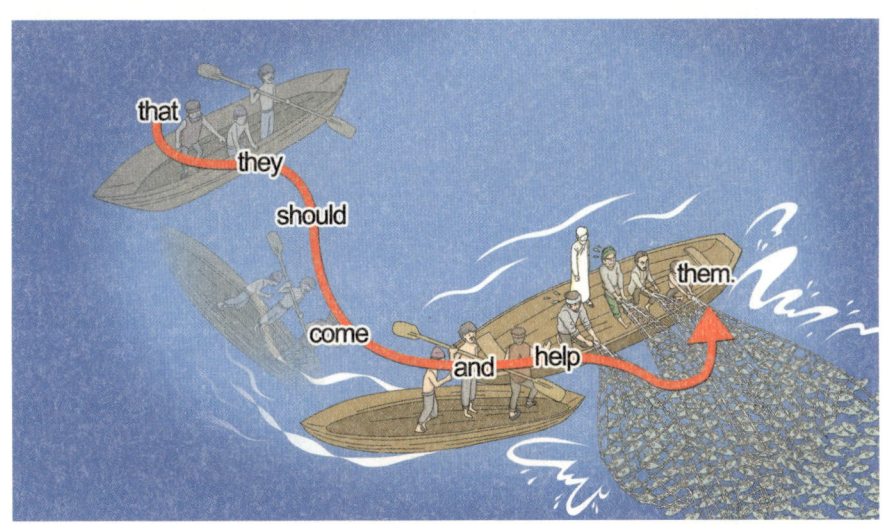

that they should come and help them.

이 부분을 이해해 나가기 앞서 다시 7절 전체 문장을 다시 보기 바란다. **That**을 좀 제대로 이해하기 위해서이다.

And they beckoned unto their partners, which were in the other ship, that they should come and help them.

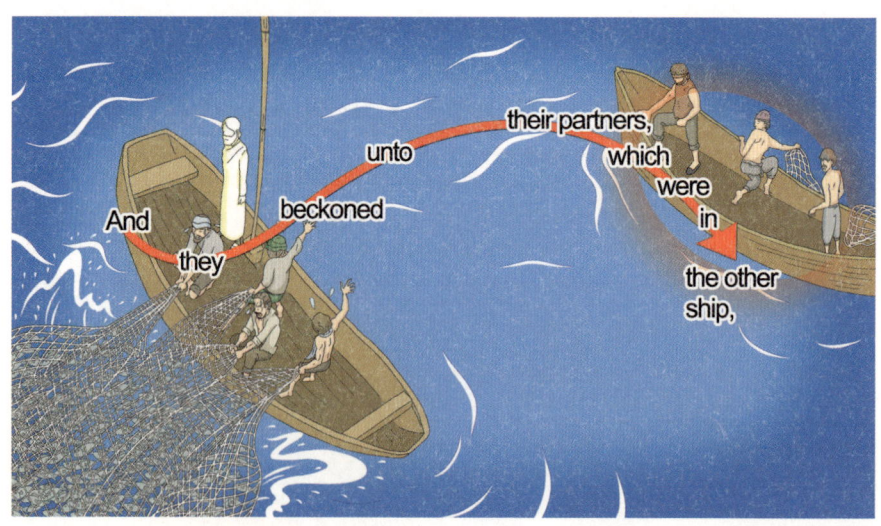

먼저 그들이 손짓했다. 대상은 그들의 동료들이었다. 그럼 상식적으로 어떤 내용이 이어져야 할까? 와서 도와 주기를 바라는 것 아니겠는가? 이처럼 영어는 상식적으로 접근하면 답이 나온다. 그래서 여기서 등장한 **that**은 '**그래서**'라고 이해하면 되고, 뒤에 이어지는 조동사 **should** 와 만나서 그들의 동료들이해주기를 바라는 바가 분명히 드러난다.

그래서 should 는 '**하기를 바라는 바는 ~**' 이라고 하면 된다.

이제 전체를 이해 해 보자.

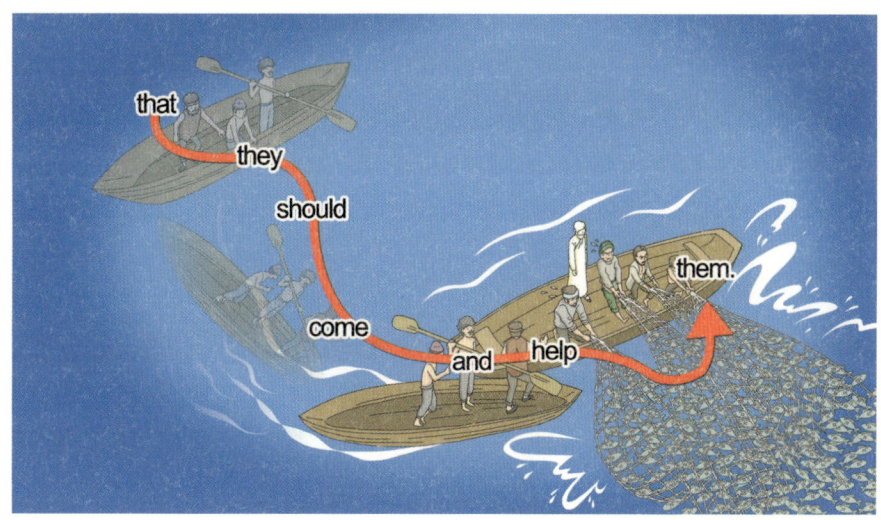

that they should come and help them

that (그래서) ▶ 그들이 ▶ should(하기를 바라는 바는) ▶ 오다 ▶ 그리고 ▶ 돕다 ▶ 그들 이 된다.

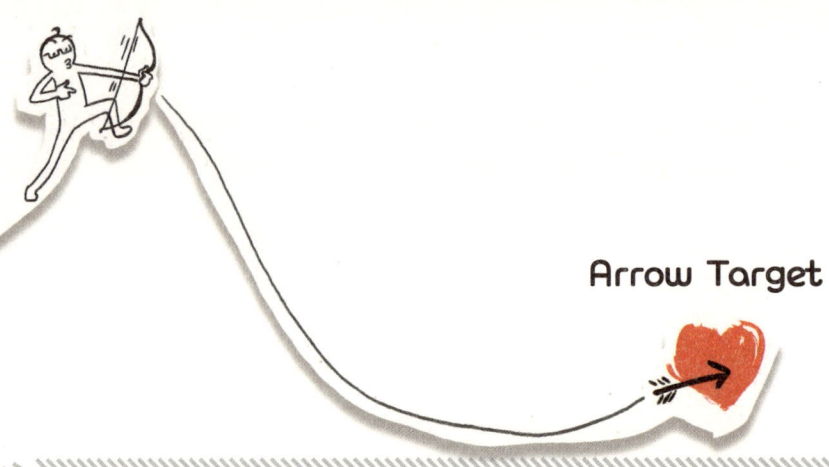

Arrow Target

관계사로 말 늘리는 방법들

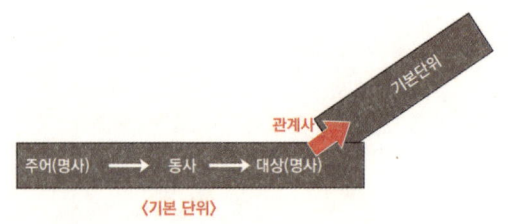

관계사는 명사를 시작점으로 해서 옆으로 빠져서 부가적인 설명을 하게 해주는 연결고리이다. 따라서 관계사를 보는 순간, 곁그림으로 빠져서 부가 설명을 한다는 신호로 보면 된다. 또한 관계사 뒤에 바로 동사가 오면 그 관계사는 주어의 역할이고, 관계사 뒤에 다른 명사가 바로 이어지면 그 관계사는 다른 명사를 주어로 해서 새롭게 이어지는 문장의 '**be동사 뒤의 명사**'나 '**동사의 목적어**' 구실을 한다.

I will meet the girl who called me yesterday.

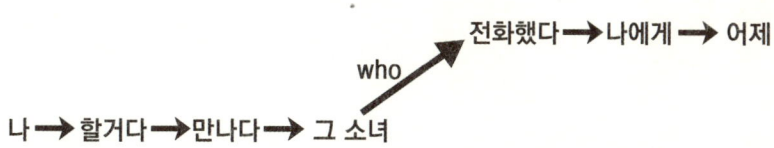

명사인 the girl에 이어서 곁그림을 그려 부가 설명을 했다. 그리고 who 다음에 바로 동사인 call이 이어져서 앞에서는 목적어 구실을 하던 the girl이 주어 역할로 새 출발했다.

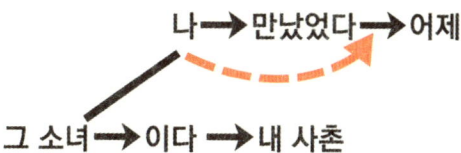

The girl who I met yesterday is my cousin.

관계사 who 다음에 바로 명사인 I가 등장함으로써, 앞에서 주어였던 the girl은 뒤에 이어지는 문장의 동사 meet의 목적어 역할로 변신했다

10

거침없이 말늘리기(1)

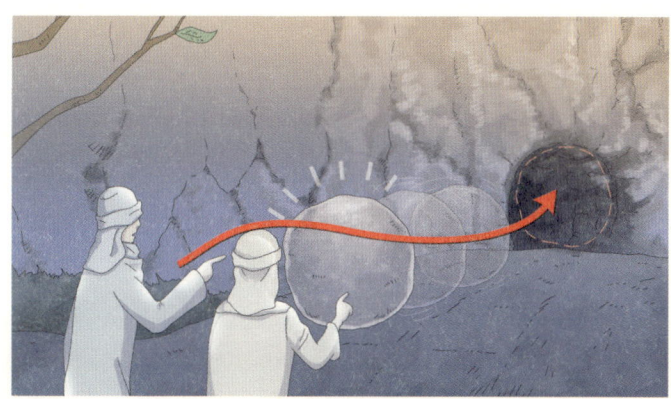

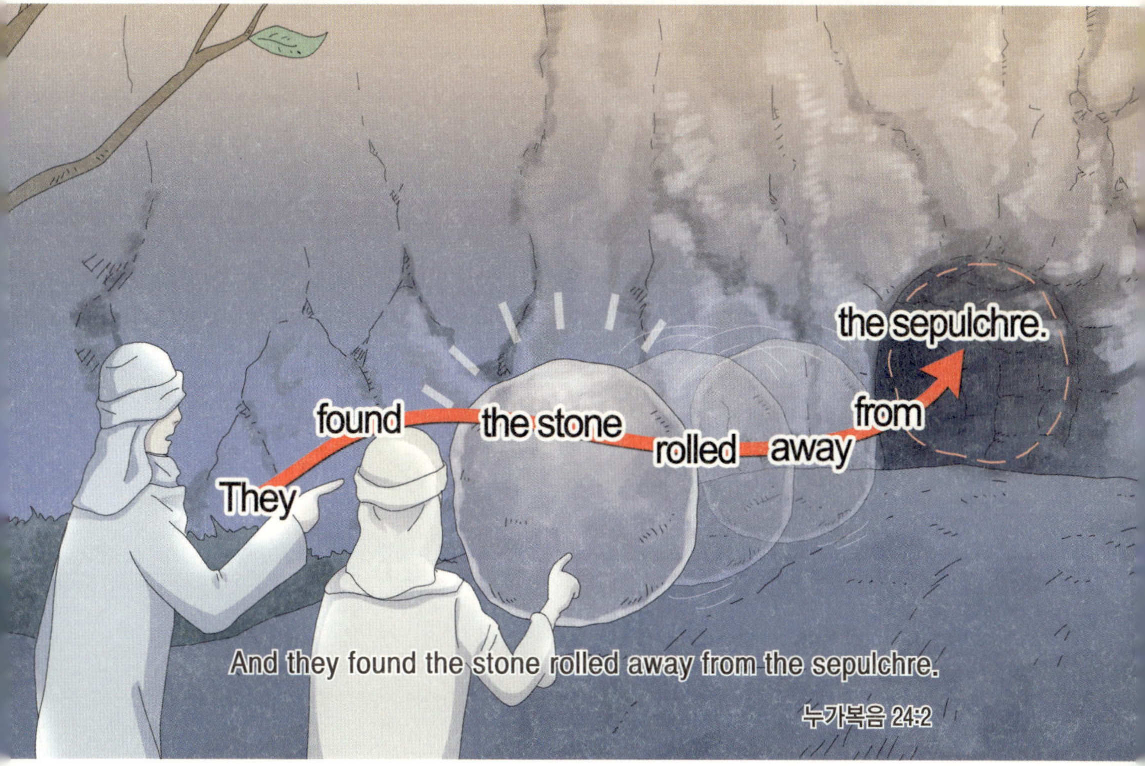
the sepulchre.
found
the stone
rolled
away
from
They
And they found the stone rolled away from the sepulchre.
누가복음 24:2

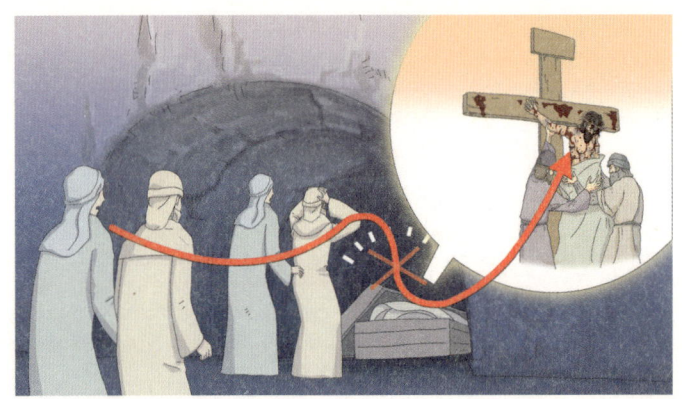

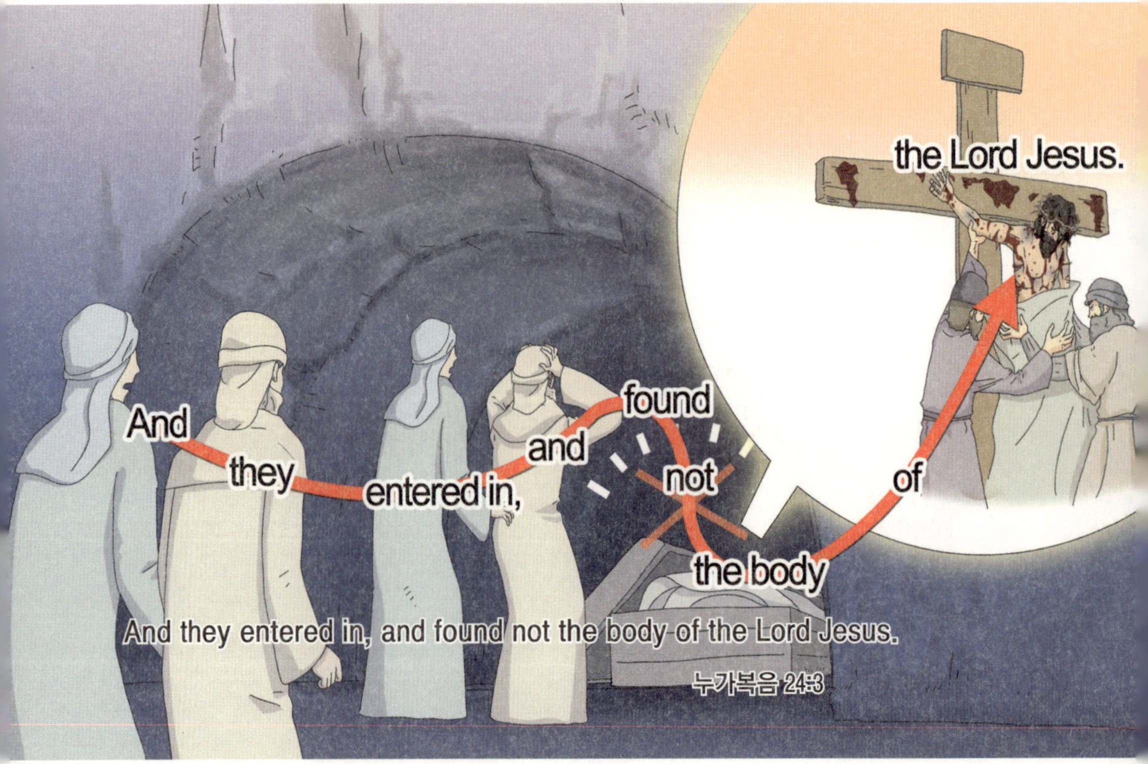
And
they
entered in,
and
found
not
the body
of
the Lord Jesus.
And they entered in, and found not the body of the Lord Jesus.
누가복음 24:3

먼저 첫 그림부터 보자.

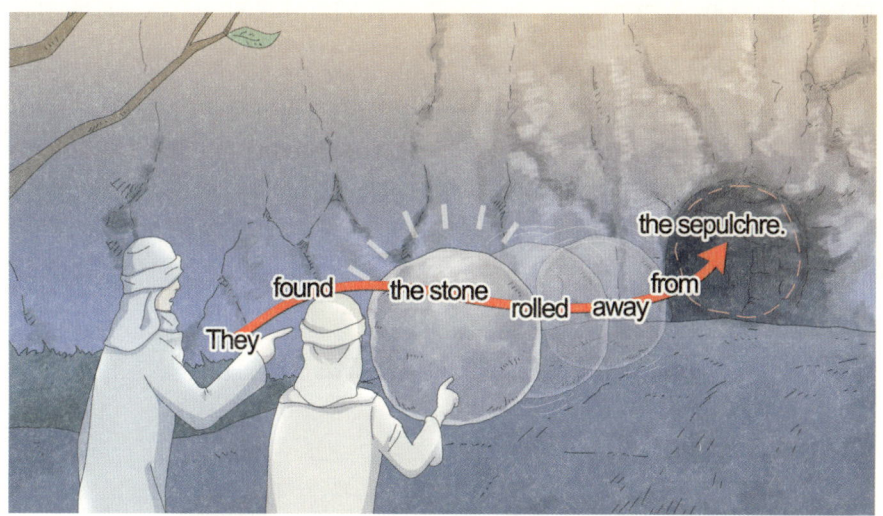

They found the stone rolled away from the sepulchre.

그들 ▶ 발견했다 ▶ 그 돌 ▶ rolled ▶ away ▶ from ▶ 그 무덤

　사실 중간 중간에 들어간 기능어들을 잘 모른다 하더라도 그림에서 순서를 따라가다 보면 바로 이해가 되는 것이 신기하지 않는가? 이 문장에서 우린 영어를 통해, 원어민이 쉽게 말을 늘려가는 법을 배우게 될 것이다. 영어가 이렇게 쉬운 것인데 힘들게만 배웠으니 참 아쉬울 따름이다.

먼저 눅 23장에 등장하는 갈릴리에서 온 여자들이 **they** 그들이다. 그들이 발견했다. 그 바는 **the stone** 그 돌이다. 그리고 난 뒤에 바로 이어진 말이 **rolled** 이다. Roll 은 굴리다 란 동작이다. 그럼 여기서 우린 상식적으로 생각을 해보자. 명사 **the stone** 뒤에 말이 이어지는 것은 곁그림 밖에 없다고 앞에서 배웠다. 그럼 이 문장은 바로 **rolled** 로 이어진 '**곁그림의 일종이구나**'라고 간파

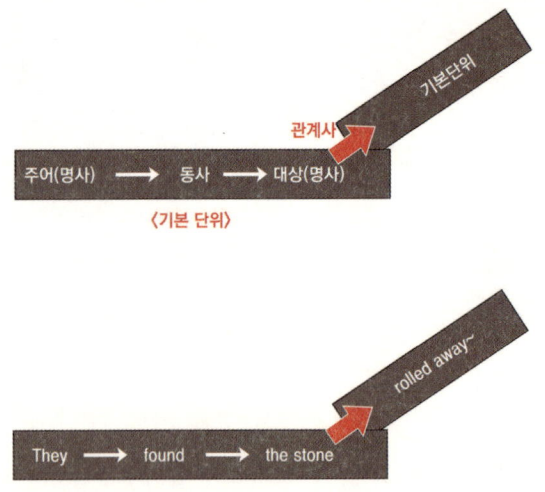

를 하고, 그리고 난 뒤 **roll** 이 동작이니 앞에 나온 명사 **the stone** 이 주어란 것을 알 수 있다. 그렇다면 '**그 돌**'이 **rolled** 되었다는 말은, 상식적으로 저절로 굴러갔을 수는 없을 테니, 당연히 '**굴려지다**'라고 이해가 될 것이다.

이제 다시 한번 더 정리를 하면, **the stone** 에 이어서 또 '**동사+ed**' 형태인 **rolled**가 이어졌다. 이제 명사 다음에 등장한 '**동사+ed**'가 곁그림인지는 분별

이 될 것이다. 그냥 'the stone (그 돌) ▶ 굴러가다+ed(곁그림)'이라고 순서대로 이해하고, 그 동작의 힘을 받은 것이구나 라고 이해하면 그만이다. 그리고 이어서 away 가 등장한다. 그냥 '(나아가서) 저 멀리'라고 이해 하면 된다. 돌이 굴려져서 움직여 나간 위치가 저 멀리 있게 되었다. 그러면서 이제 굴러온 출발지가 어딘지 살펴보고자 할 때 전치사 from (출발지는~)이 등장해서 깔끔하게 그 출발지가 the sepulchre(그 무덤)라고 알려준다.

이어서 두번째 그림이 등장한다.

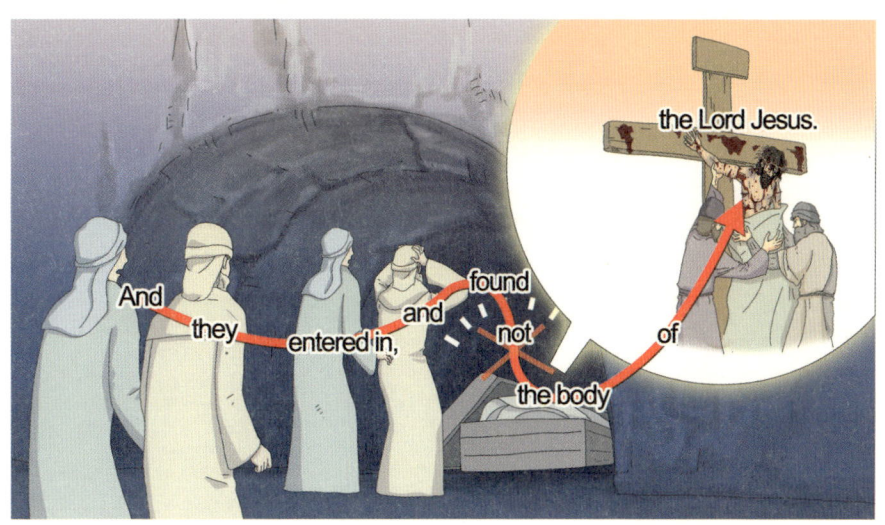

And they entered in, and found not the body of the Lord Jesus.
그리고 ▶ 그들 ▶ 들어갔다 ▶ in, 그리고 ▶ 찾지 못했다 ▶ 그 몸 ▶ of
▶ 주 예수님

이 문장은 너무 쉽다. 그냥 그림을 죽 따라 가보면 자동이해가 된다. 그리고 그들이 들어갔다. 들어가면 당연히 안에 있게 되지 않는가? 그래서 위치가 '안'임을 나타내는 전치사 in 이 등장한다. 그리고 나서 찾지를 못한다. 찾으려고 했던 대상은 그 몸(**the body**)이고, 그 몸이 나왔으니 당연히 관련된 사람이 누군지 신원 확인에 들어가야 하지 않겠는가? 그래서 **of**(밀접한 관련이 있는 바는)의 도움을 받아 주 예수님이 나온다.

여기서 잠깐 짬을 내서 영어에서 중요한 전치사를 하나 더 배우고 가자. 바로 **about** 이다. 다음 문장을 보자.

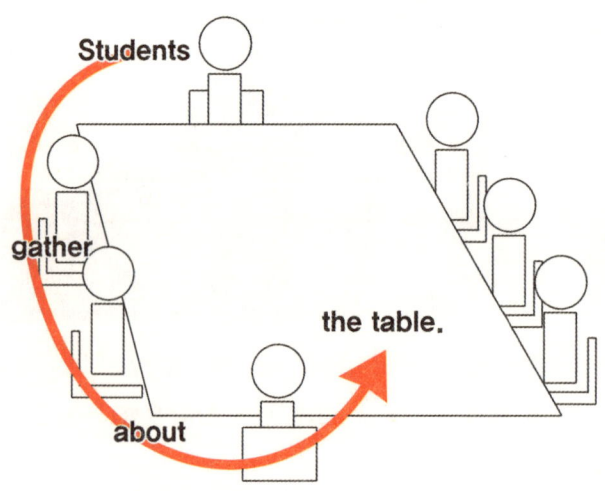

Students gather about the table.

순서를 잘 살펴보자. 시선을 주어인 '**학생들**'로부터 이동해보기 바란다. 영어는 그냥 주어에서부터 출발한 순서대로의 배열이다. 학생들이 모이는데, 학생들이 모이는 모양이 어떠한지가 먼저 보이고, 그 모인 곳의 중심에 탁자가 있음을 알게 되는 것이다. 탁자가 보이기 전에 학생들과 탁자 사이의 뭔가가 먼저 온다. 즉 '**모이는 동작**'과 '**탁자**' 사이의 관계이다. 그것이 바로 **about**이다. 그래서 **about** 는 예전 방식으로 "~ **주위에, ~ 에 대하여**"라고 거꾸로 뒤집지 말고, 이해되는 순서대로 바로 받아 들여서 "**주위를 둘러싸고 그 대상은~**" 이라고 이해를 하자. 이렇게 주어에서부터 눈에 보이는 순서대로 차근 차근 상식에 맞춰 이해를 하다 보면 자연스럽게 영어가 바로 잡히게 되어 있다.

He came about 10:00.

직접 '**10시**'로 다가가기 전에 먼저 '**10시**' 주변을 둘러싼 테두리 같은 것이 있다. 결국 '**10시 언저리**'를 말하는 것이다. 그렇다 보니 의미가 "**약 10시**"가 되는 것이다. **about**가 점선처럼 그 느낌이 드문드문 둘러싸는 것인 데 비해, **around**는 앞 단어의 둘러싸는 동작이 실선처럼 죽 이어진 느낌이다.

해외여행을 다녀왔을 때 **travel about the world**이라 하면 연달아서가 아닌 여기저기를 다닌 것이고, **travel around the world**라면 연이어서 세계 일주 코스로 다녀온 경우라고 할 수 있다. 그래서 **around-the-world**는 "**세계 일주**"이다.

Arrow Target

A+about+B: A가 주위를 둘러싼 대상은 B

about 10:00 (약 10시)

11 거침없이 말늘리기(2)

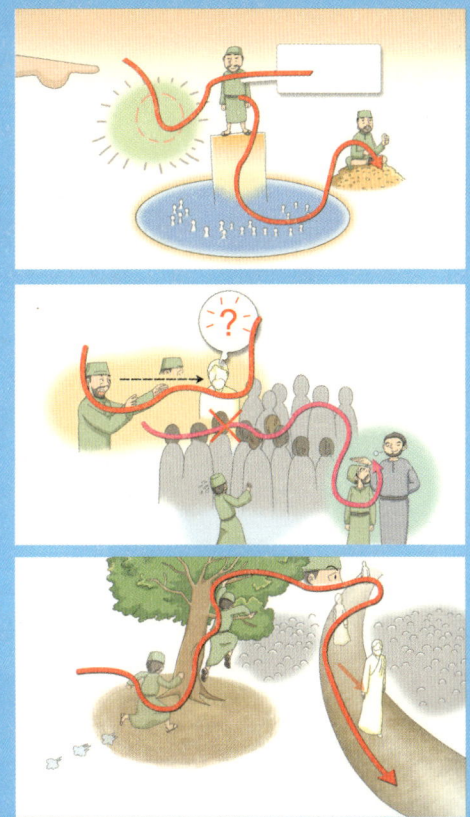

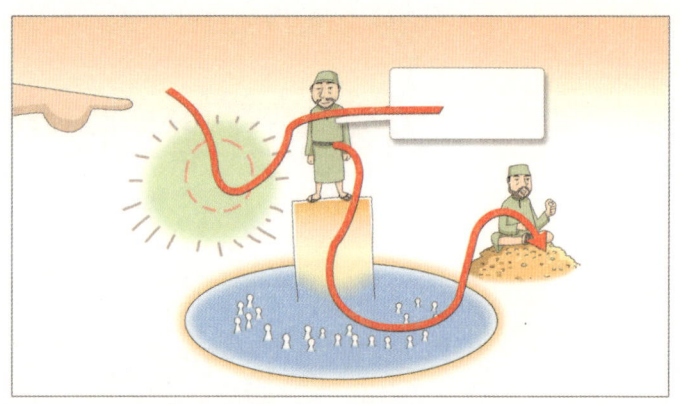

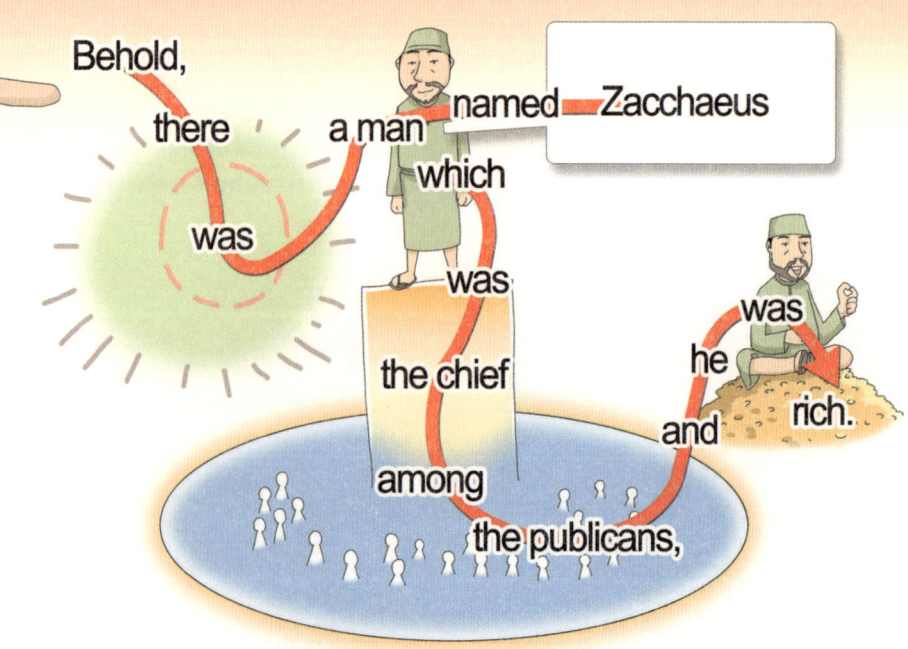

And, behold, there was a man named Zacchaeus, which was the chief among the publicans, and he was rich. 누가복음 19:2

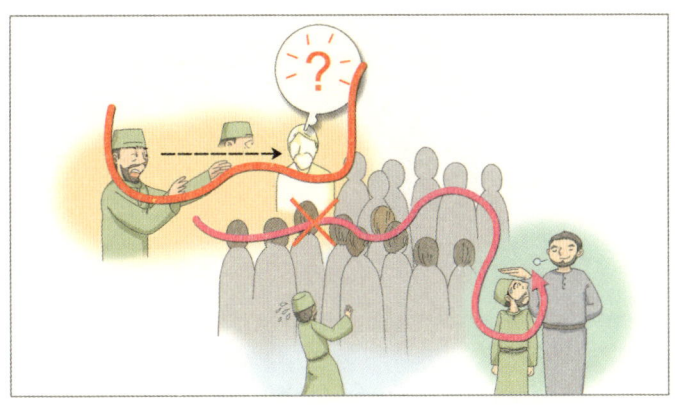

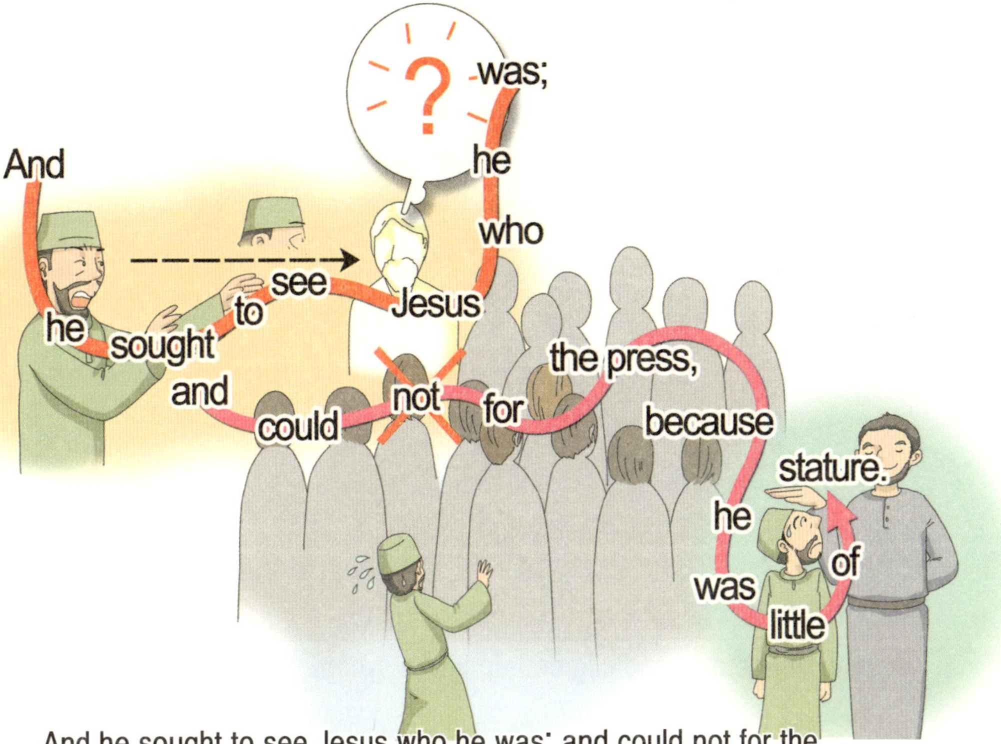

And he sought to see Jesus who he was; and could not for the press, because he was little of stature.   누가복음 19:3

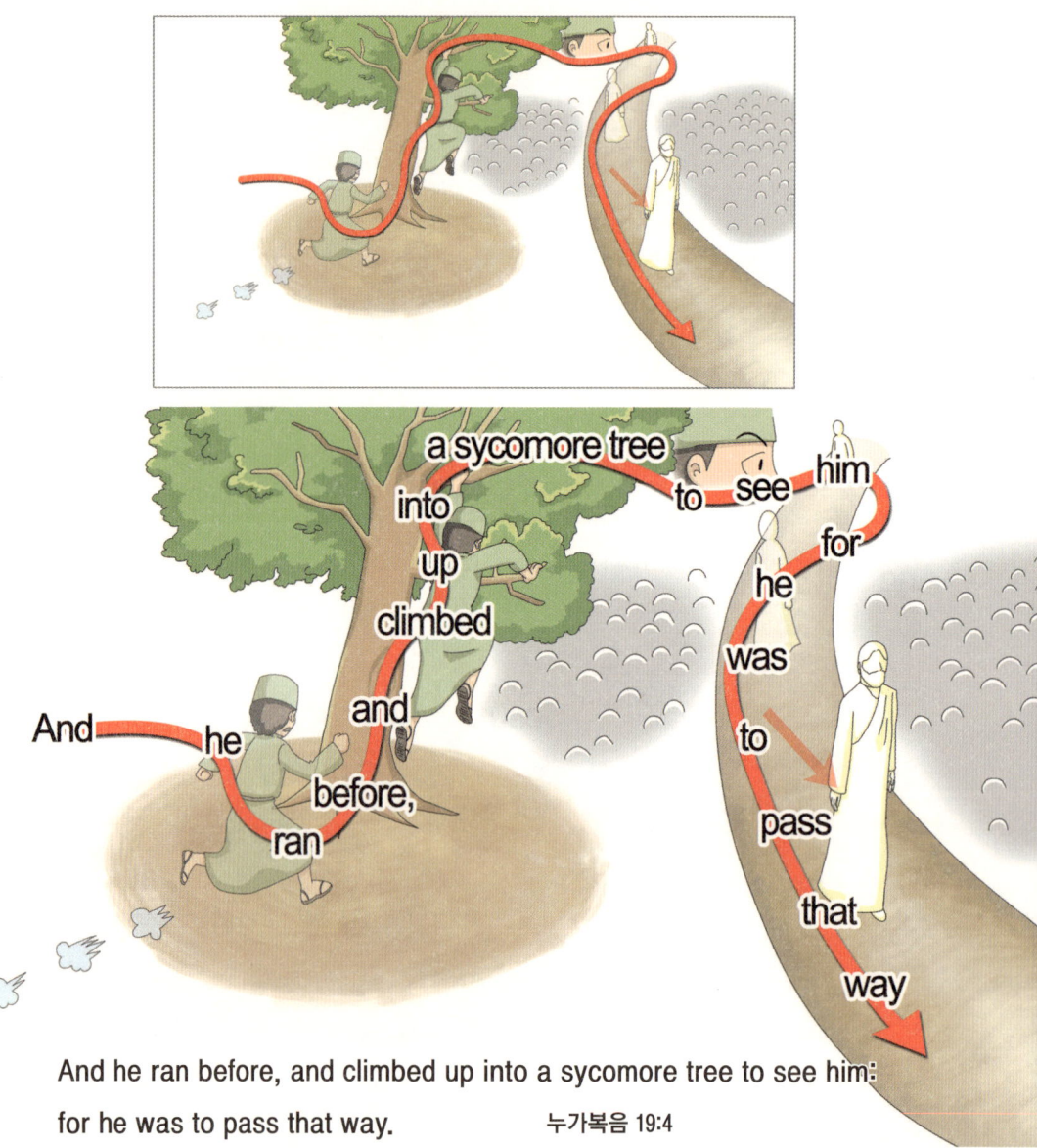

And he ran before, and climbed up into a sycomore tree to see him: for he was to pass that way.   누가복음 19:4

2절부터 시작해 보자.

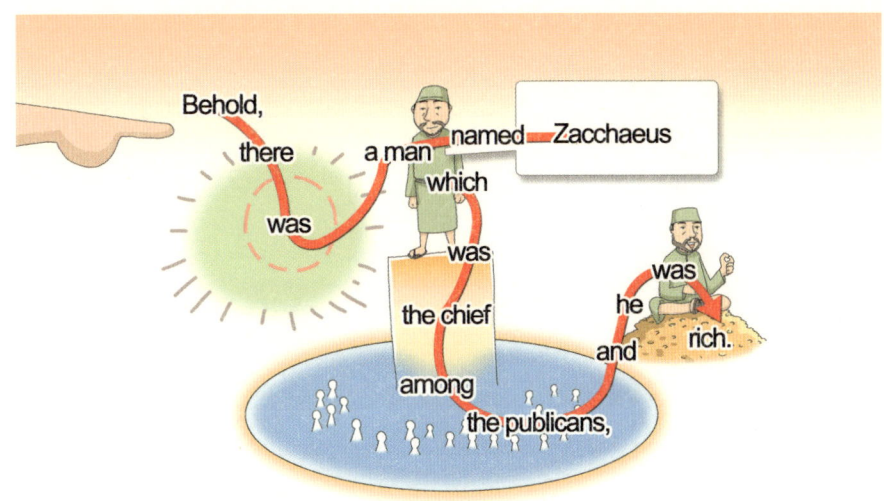

Behold, [there was] a man named Zacchaeus, which was the chief among the publicans, and he was rich.

보라 ▶ 그곳에 ▶ 있었다 ▶ 한 남자 ▶ named ▶ 삭개오, ▶ which ▶ 였다 ▶ 우두머리 ▶ among ▶ 세리들, 그리고 ▶ 그 ▶ 였다 ▶ 부자

　　주어에서부터 가까운 순서대로, 움직이는 순서대로 그려진 그림과 함께라면 문법 없이, 암기 없이 바로 바로 영어 문장이 이해가 가능해 진다. 그림과 함께 동선을 따라 차근 차근 따라 가보기 바란다.

　　보라! 라고 하고서, 이어지는 말은 눈에 보이는 상황을 묘사한다. 그 곳에 있었는데 그는 바로 한 남자(a man)였다. 이렇게 명사 a man 뒤에 named 란 동작이 이어졌다. 이게 뭔지 감이 잡히지 않는가?

Name 은 '**이름**'이란 명사 이기도 하고, 동작으로는 '**이름을 부르다**'란 의미도 된다. 여기서는 바로 '**이름을 부르다**' 의 의미이다. 그런데 명사 뒤에 '**동사 ed**'의 형태의 말이 나오면 바로 앞에 있는 명사에서 새롭게 문장이 시작하는 바로 곁그림 형태의 문장이다.

그래서 그냥 바로 명사에 이어서 말을 늘여 나가보면 된다. '**동사 ing**' 가 나오면 그 명사가 하는 동작이고, '**동사 ed**'가 연결되면 그 명사가 당하는 동작이라고 바로 구별하면서 말을 늘여 나가면 된다. 여기서는 '**동사 ed**'의 형태가 된다.

그래서 a man 한 남자가 named '**불리어 졌다**' 라고 이해하면 된다. 그리고 나서 그 이름이 바로 삭개오 임을 알 수 있다. 그리고 which 가 이어진다. 바로 또 앞의 삭개오로부터 연결된 빠진 곁그림의 문장이 만들어진다.

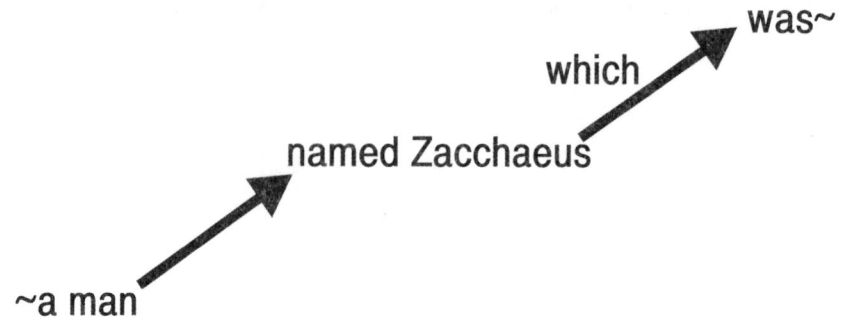

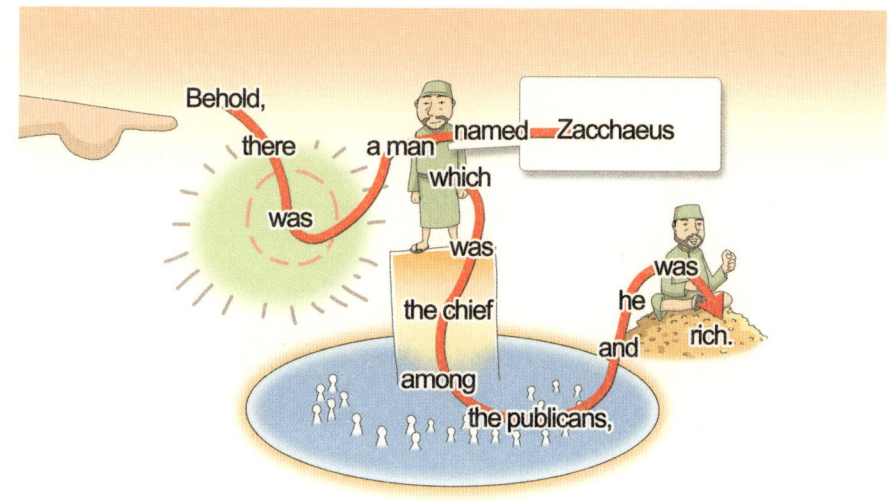

그는 ▶ 였다 ▶ 우두머리 ▶ among

여기서 우린 among 이란 새로운 전치사를 만나게 되었다. 예전에 **"~ 가운데"** 라고 거꾸로 이해한 전형적인 전치사이다. 이제 앞에서부터 순서대로 새롭게 의미를 정의해서 **'안에 있고 둘러싼 것들은~'**이라고 바꾸자.

바꿔야 한다. 과거의 잘못된 배움으로 이해나 학습의 어려움이 있었다면 바꾸면 된다. 그렇게 하면 **'우두머리 ▶ 둘러싼 것들은 ▶ 세리들'** 이렇게 해서 자연스럽게 문장이 이해가 된다.

And he was rich 그리고 그가 부자다.

이제 3절, 4절이 이어진다.

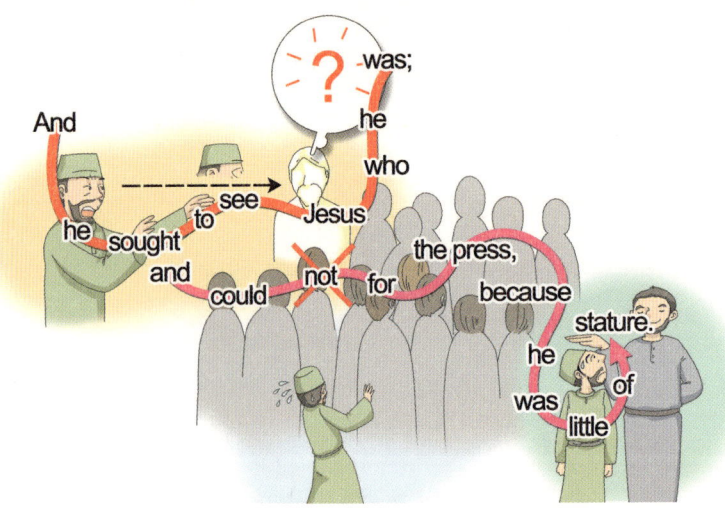

And he sought to see Jesus who he was; and could not for the press, because he was little of stature.

그리고 ▶ 그 ▶ 구했다 ▶ to ▶ 보다 ▶ 예수님 ▶ who ▶ 그 ▶ 였다: 그리고 ▶ 할 수가 없었던 바는 ▶ for ▶ 밀려드는 무리, because ▶ 그 ▶ 였다 ▶ 작음 ▶ 밀접한 관련이 있는 바는 ▶ 키

그리고 그는 구했다. 동작이 seek 의 과거형태 '**구했다**'가 왔다. 구하면 뭔가 바라는 바가 와야 하지 않겠는가? To 가 바로 그런 역할을 한다. To 다음에 명사 등장하면 '나아가서 만나는 대상은~'이라고 이해하고, to 뒤에 동작이 오면 '나아가서 하고자 하는 바는 ~' 또는 '나아가서 하는 바는 ~'이라고 둘 중 하

나로 이해하면 무방하다. 제발 **to** 부정사가 어떻고, **to** 부정사의 용법 중 명사적 용법, 부사적 용법, 형용사적 용법 중 어느 것이니 그런 소리 하지 말자. 영어는 말이다. 그냥 쉽게 주어에서부터 순서대로 바라보는 사고 하나면 다 해결되는 쉽고 단순한 언어이다. 앞에서 **seek** 구했으니, 그 뒤에는 당연히 '**나아가서 하고자 하는 바는 ~**'이 나온다. 그 바가 바로 **see (보다)** 란 동작이다. 그 대상이 예수님이시고, 그리고 그 분이 **who(누구)** 이신지 보고 싶은 것 이였다.

and could not for the press, because he was little of stature.

그리고 ▶ 할 수가 없었던 바는 ▶ **for** ▶ 밀려드는 무리, **because** ▶ 그 ▶ 였다 ▶ 작음 ▶ 밀접한 관련이 있는 바는 ▶ 키

    그리고 할 수가 없었다. **for** 는 '**목표는 하는 바는 ~**'인데 의미가 확장이 되어서 '**목표로 하는 이유는 ~**'이 될 수도 있다. 여기서는 할 수가 없다고 했으니, 그 이유가 뭔지를 설명하는 용도가 당연할 것이다. 할 수 없는 그 이유가 바로 **the press** '**밀려드는 무리**'였다. 그리고 나서 병렬로 말을 연결해 주고, 늘여주는 접속사의 종류인 **because**가 등장한다. **Because** 의 의미는 저 뒤의 문장을 다 거꾸로 이해해 와서 같다 붙이는 방식인 '**~ 때문에**'가 아니라, '**이유가 되는 바는 ~**'이란 애로우 잉글리시 방식, 즉 원어민 방식으로 새롭게 풀어가보자. 그렇게 하면 **because he was little of statue** 는 '**이유가 되는 바는 ▶ 그 ▶ 였다 ▶ 작음 ▶ 그 작음과 관련된 바는 ▶ 키**' 라고 순서대로 쫙~ 이해가 되게 된다.

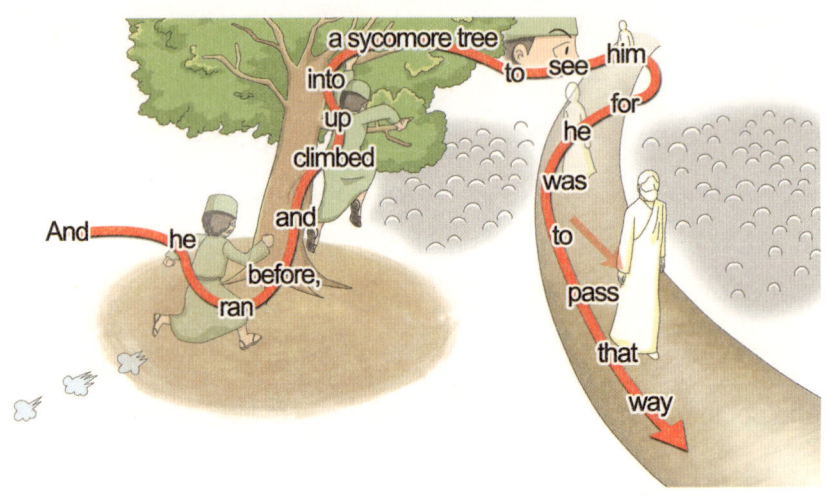

And he ran before, and climbed up into a sycamore tree to see him: for he was to pass that way.

그리고 ▶ 그 ▶ 뛰어갔다 ▶ 앞에, 그리고 ▶ 올라갔다 ▶ up ▶ into ▶ 한 뽕나무 ▶ to ▶ 보다 ▶ 그, for ▶ 그 ▶ was to ▶ 지나가다 ▶ 그 길

그리고, 그는 뛰어 갔다. **Before** 앞서 갔다. 그리고 올라갔다. 그러니 당연히 **up** 위로 향했고, 그 결과 **into** (안으로 들어가고 둘러싼 것은~)을 통해 들어간 곳이 나오는데 바로 뽕나무이다. 그리고 나서 **to see** 가 이어진다.

여기서 우린 앞에 배운 '**to 동사**'의 두 가지 의미 중에 '**나아가서 하고자 하는 바는 ~**' 이라고 이해해 보면 된다. 그렇게 하면 '**나아가서 하고자 하는 바**

는 ▶ 보다'가 되고 , 그 대상은 바로 him(예수님) 이 된다. 여기서 for 는 다시금 '목표가 되는 이유는 ~'이 되어, 그 이유가 되는 내용이 등장한다. 왜 뽕나무로 올라갔냐? 에 대한 설명이 오는 것이다. 그 이유는 바로 he was to pass that way였다. 예수님 그분이 ▶ 였는데 to 나아가서 하시고자 하는 바가 바로 pass 지나가는 것이였고, that way 그 길로 말이다.

앞에 있는 명사에서 새롭게 문장이 시작하는 곁그림의 형태를 아래 그림을 가지고 더 연습해 보자.

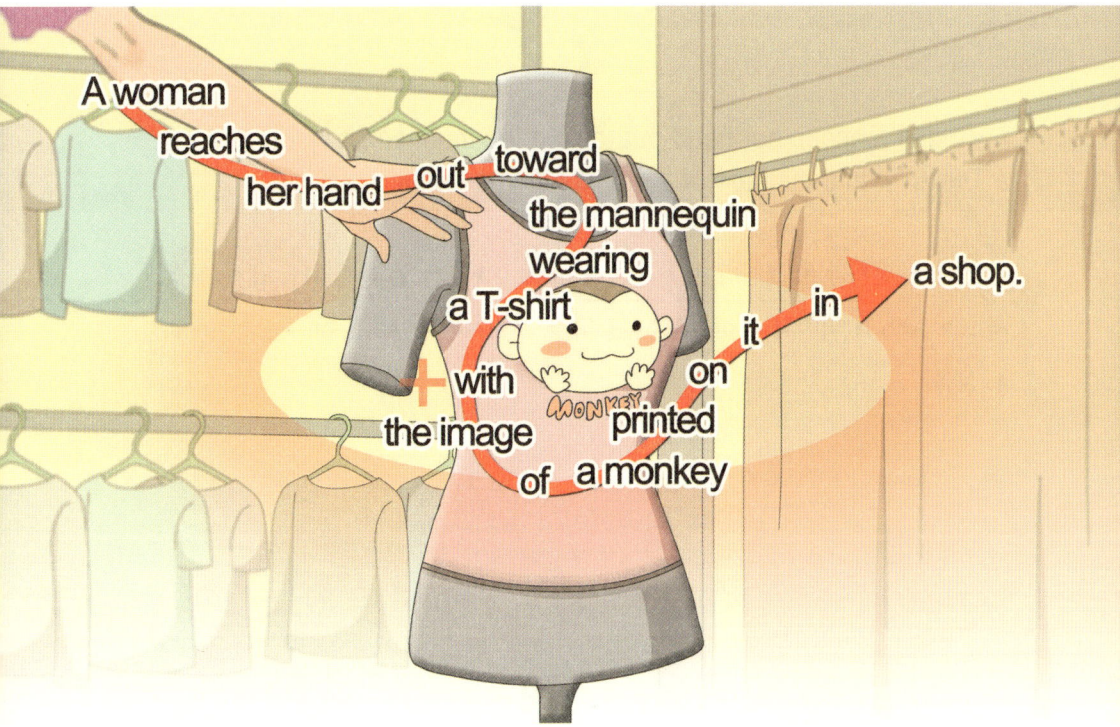

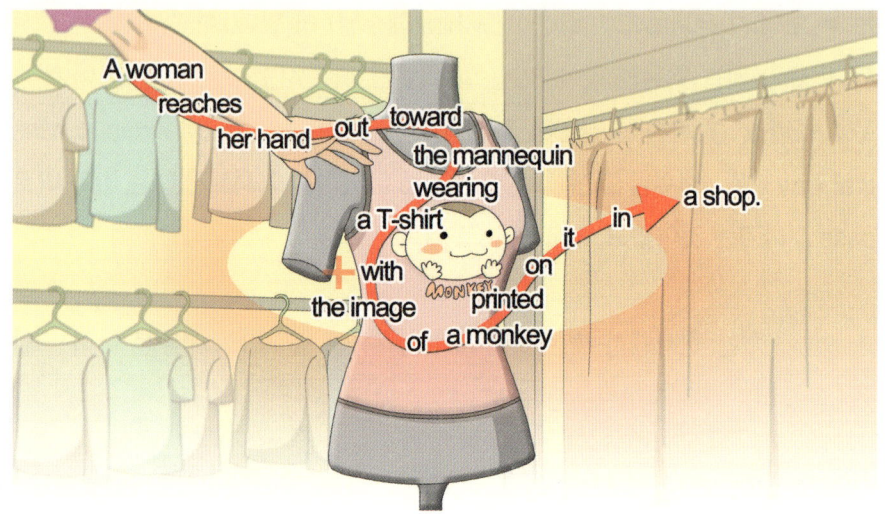

A woman reaches her hand out toward the mannequin wearing a T-shirt with the image of a monkey printed on it in a shop.

한 여자 ▶ 뻗치다 ▶ 그녀의 손 ▶ out ▶ toward ▶ 마네킹 ▶ 입다+ing ▶ 한 티셔츠 ▶ with ▶ 이미지 ▶ of ▶ 한 원숭이 ▶ 프린트하다+ed ▶ on ▶ 그것 ▶ in ▶ 상점.

이 문장 내에서 전치사를 비롯한 기능어가 차지한 비율이 얼마나 될까?

'a'까지 포함하면 거의 50%에 육박한다. 이러한 기능어들은 이미 중학교 수준에서 나온 단어들이기에 여러분들은 아무리 그 외의 다른 단어들을 모른다 치더라도 문장의 **50%**는 쉽게 이해가 되어야 정상이다. 그러나 실전에서, 특히 '**듣기**'에서는 **50%**도 안 들린다. 이처럼 사실 우리는 단어(내용어)를 많이 몰라 영어를 제대로 못하는 것이 아니다. 쉬운 말인 것 같으면서도 **out, toward, of, with**와 같은 기능어들이 자연스럽게 원어민의 관점으로 이해되면서 그림이 그려지지 않기 때문에 영어가 마냥 어렵게 느껴지는 것이다.

사람들이 흔히 **"모르는 단어를 다 찾았는데도 이해가 안 된다"**고 하는 말을 자주 한다. 그것이 바로 영어 전체를 이어주는 연결고리 구실의 전치사나 관계사, 접속사와 같은 기능어를 원어민 방식대로 제대로 알고 있지 못하기 때문이다.

A woman reaches her hand out toward the mannequin

주어(a woman) ▶ 동작(reach) ▶ 대상(her hand) ▶ 방향 1(out) ▶ 방향 2(toward) ▶ 목표물(the mannequin) 이러한 사진과 문장의 연속된 일치에서 보듯이, 전치사 **toward**는 동작이 밖으로 분출되어 목표물에 이르는 사이에 위치해 있다.

동사 **reach**는 **손을 뻗치는 동작이니** ▶ **방향**이다. 그리고 **out**도 역시 위치가 **'밖'**이다. 더불어 **toward**는 그 뻗친 동작이 **더욱더** ▶ **방향으로 전진**하도록 이어주고 있다. 이처럼 영어에서는 동사에서부터 이어지는 힘의 연속성이 대단히 중요하다.

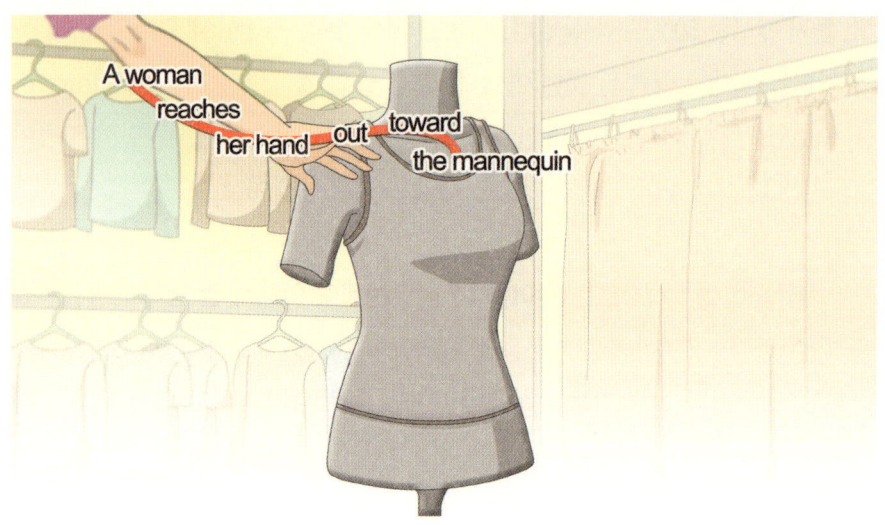

　영어는 주어에서부터 나오는 힘이 대상에 가해지고 그 대상이 그 힘을 받은 결과 어떻게 되는지가 순서대로 말이 나오게 되어 있는, 너무나 자연스럽고 쉬운 언어이다. 그래서 주어에서부터 동사, 목적어, 전치사를 거치는 동안 일어나는 힘의 연결은 물 흐르듯이 자연스럽게 이어질 수밖에 없다. 정확히 논리적인 순서에 입각하여 단어를 나열하는 순서가 중요하다. 일단 어떤 단어를 시작점으로 하면, 그 시작점으로부터 과학적으로 순서대로의 기본 원칙에 의해 단어를 나열하면 된다.

　toward를 사전에 찾아보면 '~ 쪽으로' '~을 향하여'라고 **toward** 뒤에 나오는 단어에서부터 거꾸로 해석되어 있다. 하지만 그렇게 하면, 주어에서부터 시작된 힘의 연속성을 거스르는 아주 심각한 결과를 초래한다. 그저 앞으로 앞으로 나아가는 **toward**를 있는 그대로 봐주기 바란다.

그림에서 보면 손끝에서 toward의 화살표가 나아가서 그 목표가 '**마네킹**'이 되는 것이 확연히 보이지 않는가? 따라서 toward의 의미는 "**향하는 대상은~**"이다. 이처럼 원어민이 실제로 말을 배우면서 접하는 그 생생한 장면과 같은 사진이나 그림을 통해서 배우는 영어가 살아 있는 영어다. 비교하자면, **toward**는 **to**보다 좀 막연하다. 단지 방향을 가리킬 뿐이고, 도착의 뉘앙스는 없다. 숲 속에서 길을 잃었다고 가정해보자.

I walked toward the south.
(나 ▶ 걸었다 ▶ 향하는 대상은 ▶ 남쪽.)

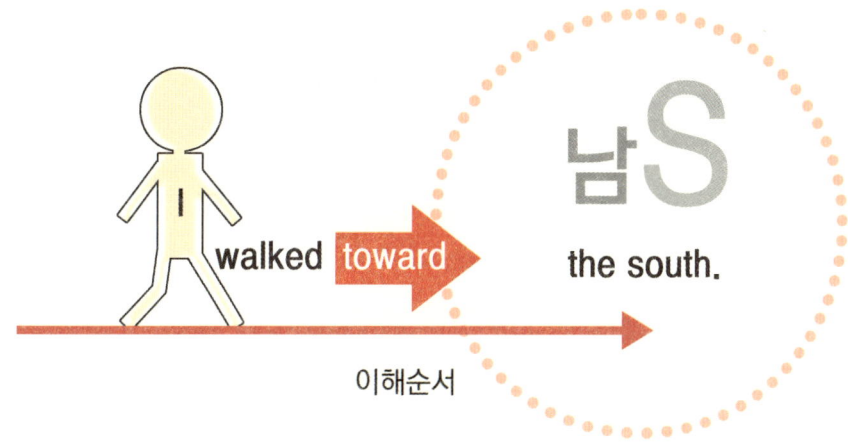

이 같은 경우 **to**와는 달리, 막연히 남쪽이라 여겨지는 방향으로 걸어가는 것을 말한다. 다시 본문으로 돌아와서

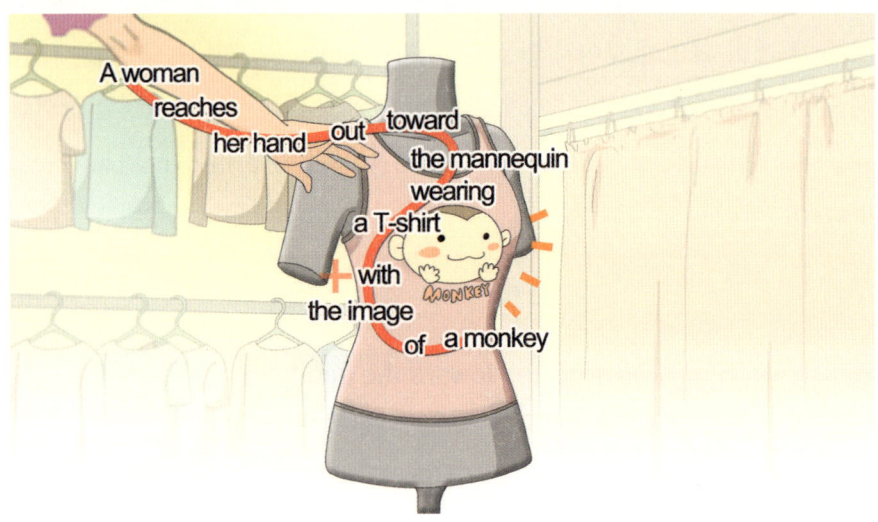

(the mannequin) wearing a T-shirt with the image of a monkey

　　the mannequin 다음에 이어진 wearing은 명사에 바로 '**동사+ing**'가 붙은 경우이니, 볼 것도 없이 **the mannequin** 에서부터 다시 새로운 독립된 그림이 시작된 것이다. 〈**the mannequin which wears**〉에서 관계사가 생략된 것이다. 그래서 바로 본 내용에 해당하는 동사가 이어졌다.

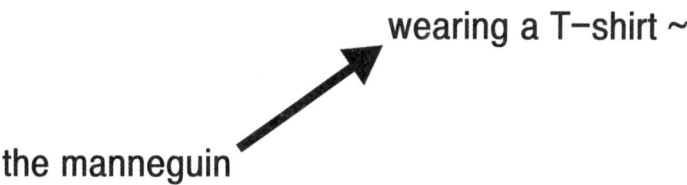

'the mannequin ▶ wears ▶ a T-shirt의 순서로
'주어 ▶ 동작 ▶ 대상'이다.

그리고 난 뒤, 앞에 관계사가 생략된 것을 알려 주려고 동시에 ~ing를 붙여 준 것 뿐이다. 그 대상 a T-shirt에 대한 설명이 'with ▶ the image ▶ of ▶ a monkey' 순서로 이어진다.

'**티셔츠**'와 함께 있는 것이(with) '**이미지들**'이다. 그 이미지와 밀접한 관계를 맺고 있는 것이(of) '**원숭이**'이다. 이렇게 of를 기본 의미인 '**밀접한 관련이 있는 것은**'이라고 새기고 매끈한 한국말로 찾아서 번역하는 수고를 하지 않아도, 머릿속에서는 이미지의 대상이 '**원숭이**'임을 이해할 수 있지 않은가? 이것이 바로 인간 두뇌의 기본적 인지력이자 이를 최대한 활용하는 것이 살아 있는 언어학습법이다.

(the image of a monkey) printed on it in a shop.

 명사는 주어의 역할을 함으로써 그것을 기점으로 새롭게 그림을 그릴 수 있다. 앞에 나왔던 **wearing**은 '**동사+ing**'의 모습인 데 반해 **printed**는 '**동사 +ed**'의 형태이다. 명사가 힘을 받는 곁그림의 형태이다. 명사인 **the image of a monkey**가 다시 주어의 역할이 되고, 그 다음으로 동사인 **printed**가 이어지면서 주어가 힘을 받게 된다. 주어인 **the image of a monkey**가 인쇄를 하는 것이 아니라 인쇄가 되었다는 얘기다. 그리고 인쇄된 '**원숭이 이미지**'가 면으로 접하는 대상이 '**티셔츠**'(on it)이다.

 이러한 곁그림이니 동사**ing**니 동사**ed**니 하는 말들을 다 제쳐두고라도, 그림과 비교하면서 문장을 차근차근 단어 순서대로 맞춰 나갈 때 이해에 전혀 지장이 없는 것을 보면 '**문법**'이 절대적으로 의사소통 위에 존재하는 것이 아니라 단지 의사소통을 도와주며, 헷갈리지 않도록 배려하는 차원의 도우미임을 재삼 확인할 수 있다.

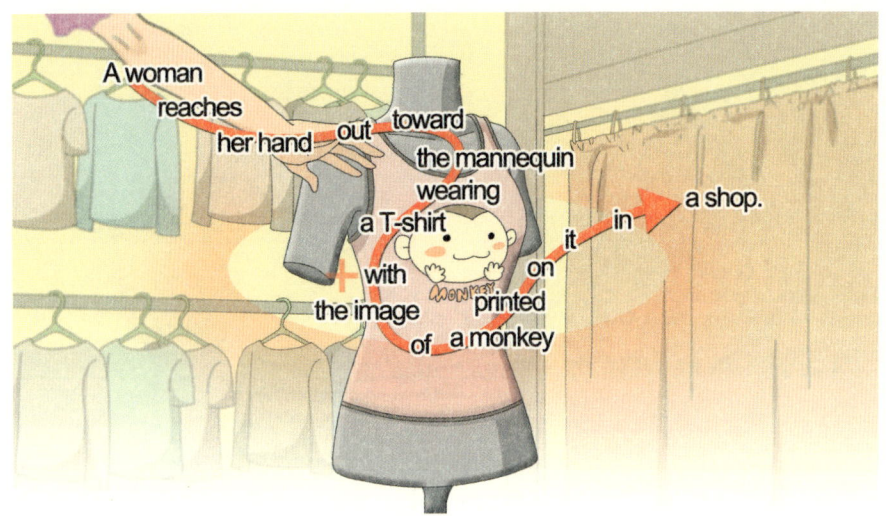

    그런 의미에서 전체 그림 속 장면의 동선을 살펴보자. 그림의 왼편에서 **'손'**이 등장하고 있다. 이 손의 주인공이 주어인 **a woman**이다. 그녀가 뻗친 것은 **'그녀의 손'**, 방향은 **'바깥쪽'**이다. 그리고 향하는 대상은 **'마네킹'**이다. 마네킹이 입고 있는 것은 **'티셔츠'**이다. 속옷과 함께 있는 것은 **'이미지들'**인데 **'원숭이'**이다. 그 이미지가 **'프린트'**되어 있는데 접한 면은 **'티셔츠'**이다. 이 일들이 일어난 곳은 **'상점'**이다.

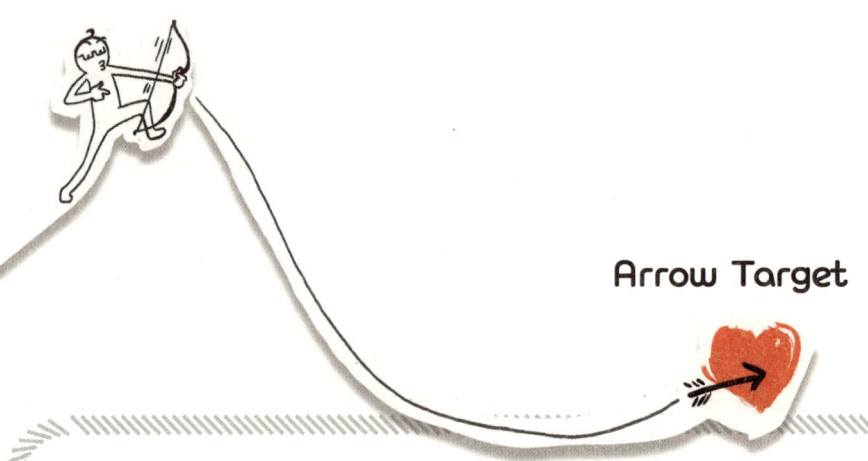

Arrow Target

toward : 향하는 대상은 ~

toward는 to에 비해 단지 막연한 방향을 가리킬 뿐이고, '도착'의 의미까지는 없다.

The sunflower turns toward the sun.
(해바라기 ▶ 돌다 ▶ 향하는 대상은 ▶ 해.)

명사 + 동사ed/동사ing

명사에서부터 다시 독립된 그림이 시작된 것이다. 관계사가 생략되면서 바로 본 내용인 동사가 이어진 경우다.

명사+동사ing: 명사가 힘을 가하는 곁그림

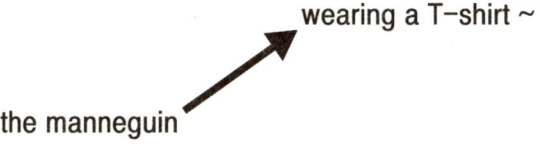

명사+동사ed: 명사가 힘을 받는 곁그림

12

거침없이 말늘리기(3)

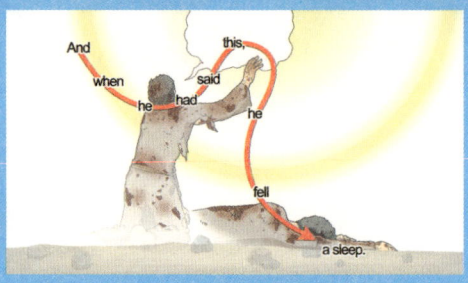

And they stoned Stephen, calling upon God, and saying, Lord Jesus, receive my spirit.

사도행전 7:59

거침없이 말늘리기 (3)

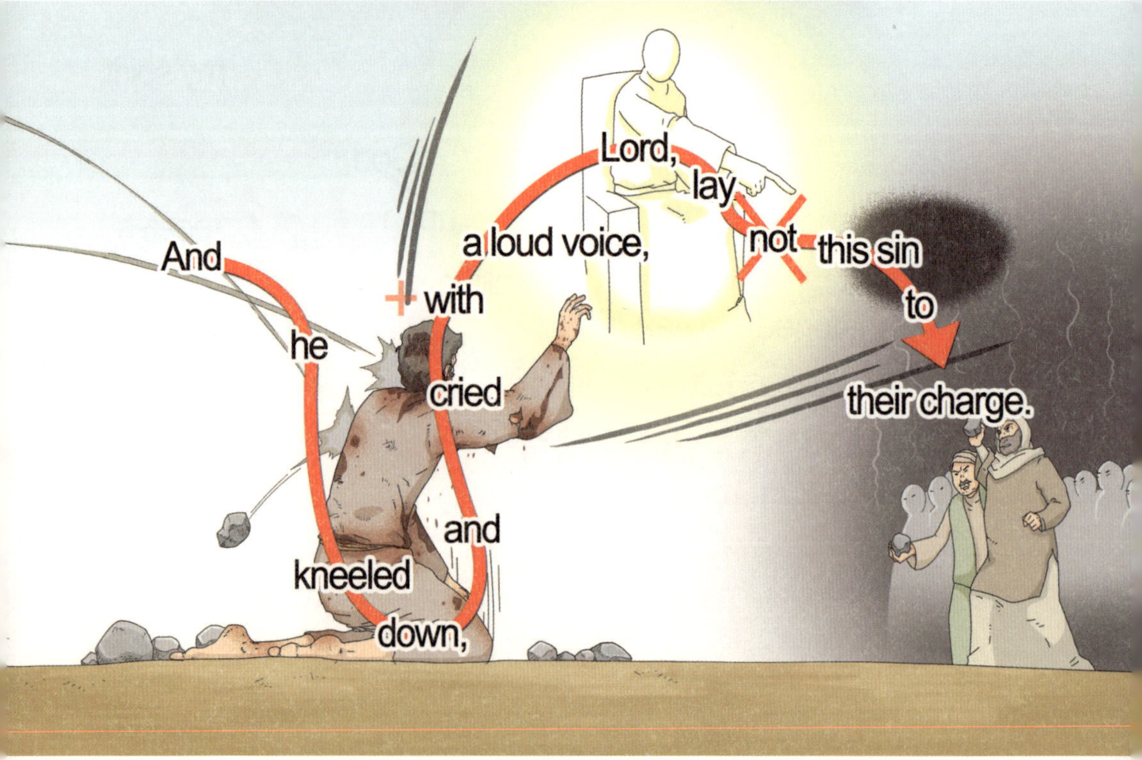

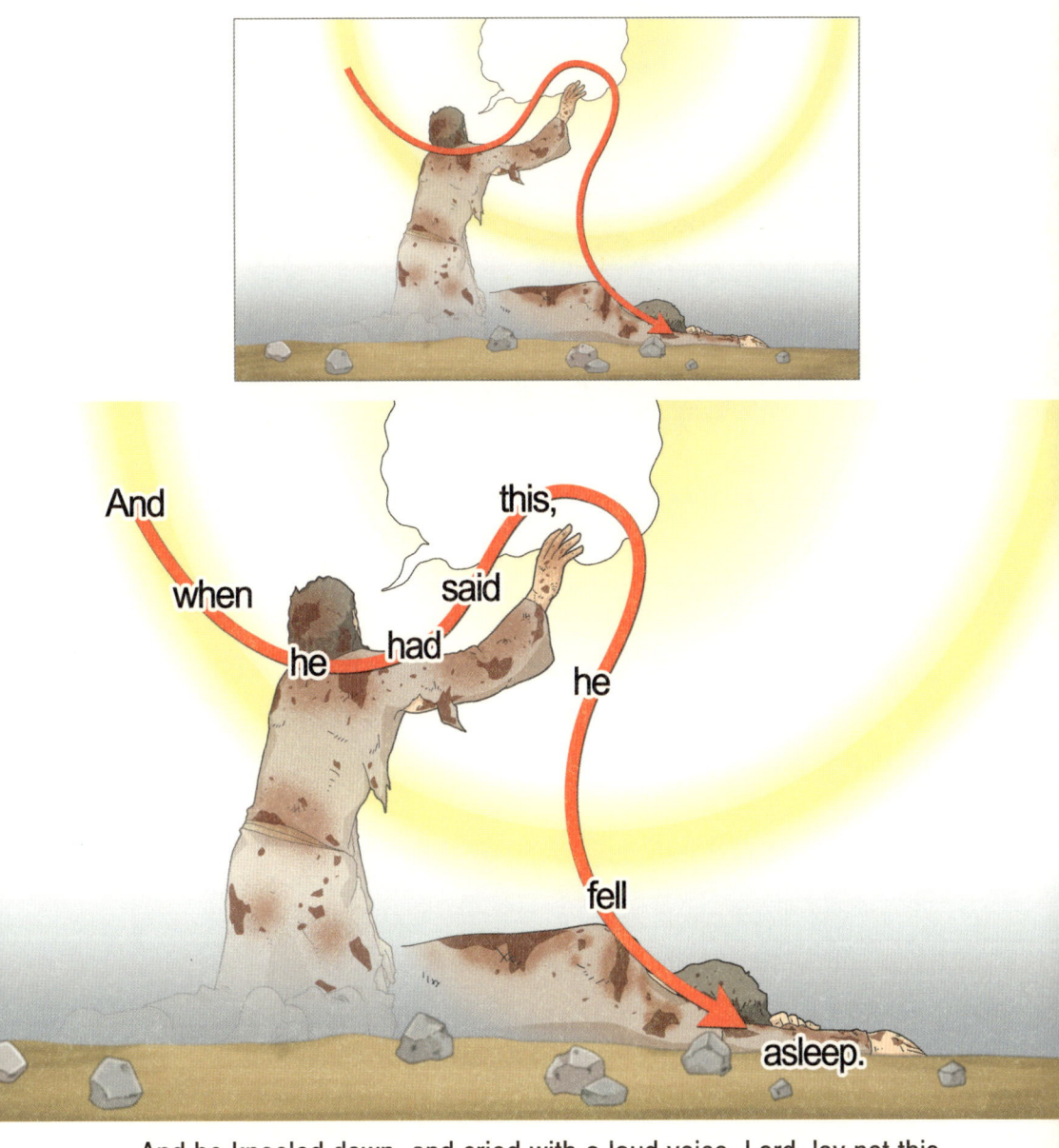

And he kneeled down, and cried with a loud voice, Lord, lay not this sin to their charge. And when he had said this, he fell asleep.

사도행전 7:60

They stoned Stephen, calling upon God, and saying, Lord Jesus, receive my spirit.

그들 ▶ 돌로 쳤다 ▶ 스데반, 부르다 ing ▶ upon ▶ 하나님 ▶ 그리고 ▶ 말하다 ing ▶ 주 예수님 ▶ 받으시옵소서 ▶ 내 영

그리고 그들이 돌로 쳤다. 그 대상은 스데반이였다.

그리고 스데반에 이어서 **calling**이 등장했다. 명사 뒤에 '**동사 ing**'는 그 명사에서 빠진 곁그림으로 보면 된다고 앞에서 배웠기 때문에 그대로 적용하면, 스데반이 불렀다는 것이다. 그렇게 할 때 upon '**면으로 접한 대상은**' 바로 하나님이였고, 또 이어서 한 동작은 saying '**말하다**'였다.

그 한 말이 'Lord Jesus (주 예수님), 받으시옵소서 ▶ 내 영'이다.

이 문장을 입체적인 구조로 그려보면 아래와 같다.

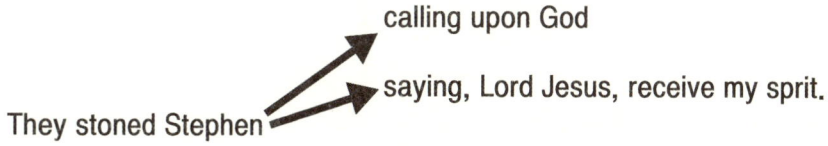

이제 다음 구절로 이어진다.

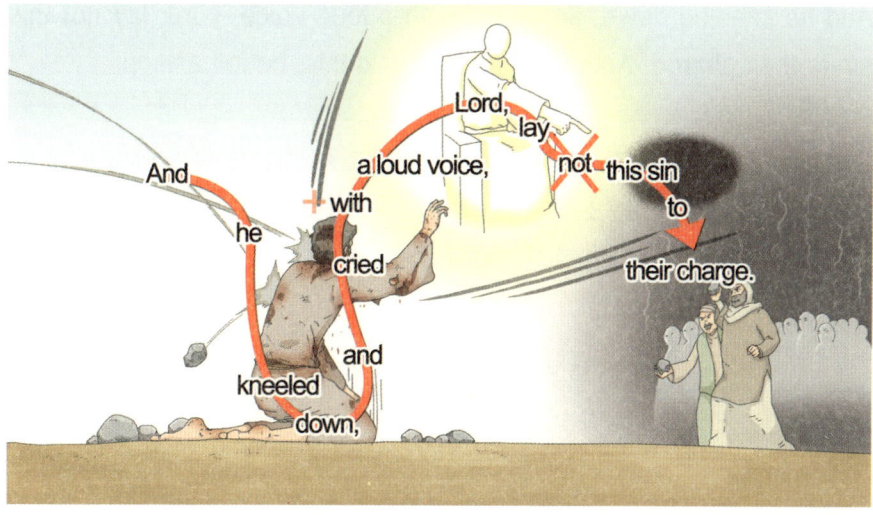

And he kneeled down, and cried with a loud voice, Lord, lay not this sin to their charge. And when he had said this, he fell asleep.

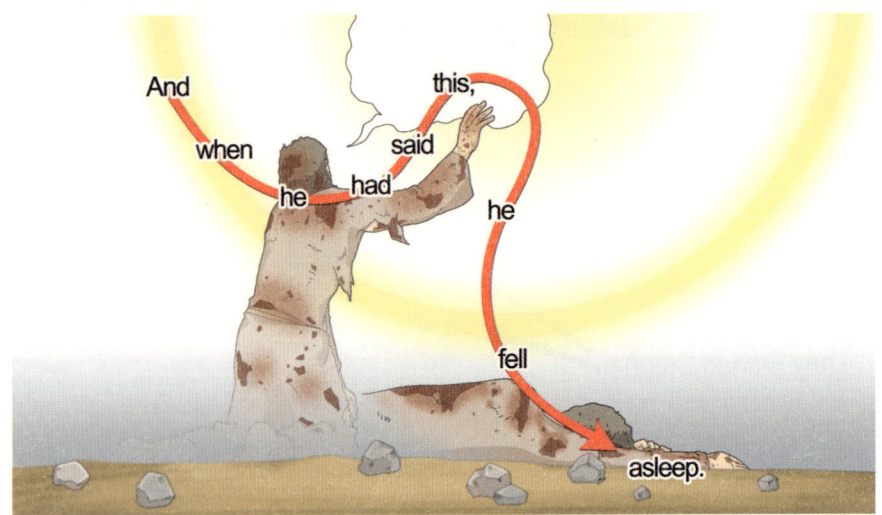

And he kneeled down, and cried with a loud voice, Lord, lay not this sin to their charge. And when he had said this, he fell asleep.

그리고 ▶ 그 ▶ 무릎을 꿇었다 ▶ down ▶ 그리고 ▶ 부르짖었다 ▶ with ▶ 큰 목소리 ▶ 주여 ▶ 놓지 마옵소서 ▶ 이 죄 ▶ to ▶ 그들의 책임. ▶ 그리고 ▶ when ▶ 그 ▶ had said ▶ 이 말, 그 ▶ 잠들었다.

그냥 단어 순서대로 그림을 따라가면 문법 없이도 자연스럽게 이해가 되기 때문에, 그냥 기능어들을 순서대로 바로 바로 이해할 수 있도록 바꾸어서 적용만 하면 된다.

그리고, 그는 무릎을 꿇었다, 그러니 몸이 **down** 아래로 내려 갈 수 밖에 없다. 그리고 나서 부르짖었다. 그 때 함께 한 것은(**with**) 바로 큰 목소리였고, 부르짖는 내용은

"**주여, 놓치 마옵소서** ▶ **이 죄를** ▶ **나아가서 만나는 대상은** ▶ **그들의 책임**"이다.

When (그 때 벌어지는 일은) 그가 말하기를 마쳤다. 그 대상은 이말이고, 그는 잠들었다.

영어의 말늘리기는 곁그림으로 빠지는 관계사를 이용한 방법과, 병렬로 늘리는 접속사를 이용한 방법 두가지 밖에 없다고 앞에 설명했었다. 그렇기 때문에, 문장 기본 단위 뒤에 '**동사+ing**' 나 '**동사+ed**' 가 등장하면, 당연히 말이 늘어난 것이고, 그렇다면 관계사나 접속사와 연관된 것이라 생각하면 된다.

앞에서 스데반 다음에 **calling, saying** 으로 빠지는 문장 구조는 다루었기 때문에, 이제 다음 페이지의 그림과 문장을 통해 병렬 방식으로 '**동사+ing**'를 사용해서 말을 늘리는 경우를 살펴보도록 하자.

The mountain, which is still an active volcano, erupted sending smoke and ash thousands of meters into the air.

산 ▶ which ▶ 이다 ▶ 여전히 ▶ 활발한 화산 ▶ 분출했다 ▶ 보내다+ing ▶ 연기와 재 ▶ 수천 ▶ of ▶ 미터들 ▶ into ▶ 공중.

The mountain, which is still an active volcano

'산'이 주어이다. 그 다음에 관계사 **which** 가 나왔다 주어에 대해 빠져서 말하겠다는 표시라고 보면 된다.

'산' ▶ which ▶ 이다 ▶ 여전히 ▶ 활발한 화산이다.

　　　　　　　　　　　is still an active volcano.
　　　　　　which ↗
　　The mountain

erupted, sending smoke and ash

이제서야 본그림의 동사가 나왔다. '산'이 분출했다(**erupted**). 그리고 sending(동사+ing의 형태)이 이어진다.

(The mountain erupted) ▶ sending smoke and ash thousands of meters into the air.

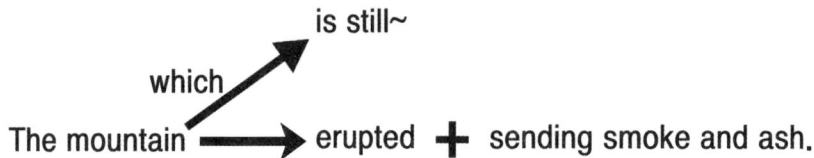

〈 The mountain erupted〉 ▶ sending smoke and ash, 즉
'산 ▶ 분출했다 ▶ '그것 ▶ 보냈다 ▶ 연기와 재',

이렇게 두 그림을 그냥 동사ing로 연결한 것이다. sending을 복원해보면, 〈and it sent smoke and ash〉가 될 수 있다. 여기서 접속사 and와 반복되는 it을 생략하고, send의 과거 시제도 앞 문장으로 충분히 알 수 있으므로 생략하니, 바라보는 시점에서의 동작만 관심사가 되어 〈send+ing〉이 된 것이다. 이렇게 동사ing가 등장하면 명사나 문장에 이은 곁그림이라고 보고, 본문에서는 동사 뒤에 바로 이어서 **동사+ing**가 등장했으니 문장에 병렬 방식으로 이은 말 늘리기 방식이라고 보면 된다. 명사에 이은 것인지 문장에 이은 것인지는 그냥 **"바라보는 시점에서 일어나는 동작은~"**이라고 이해하고 나아가면 나머지는 문맥에서 다 구분이 된다.

thousands of meters into the air.

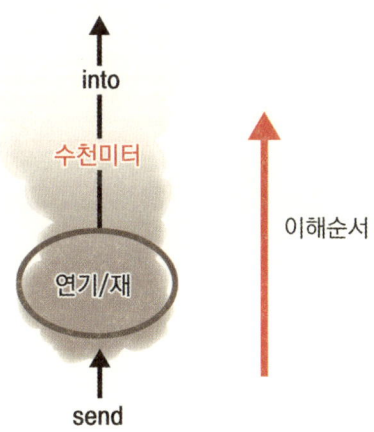

    send의 힘은 앞으로 미는 push의 힘(▶)이다. 그렇다면 힘의 연속성을 생각해볼 때 ▶에 이어 밀리는 대상이 나오고, 밀린 결과 이동되어 어디론가 간다. 그래서 ▶의 힘을 가진 to나 into가 이어지는 것이다. ▶와 ▶라는 힘의 연속이다. 그런데 into되기 전에, 먼저 수천 미터를 가고 난 후에 into the air 되었다.

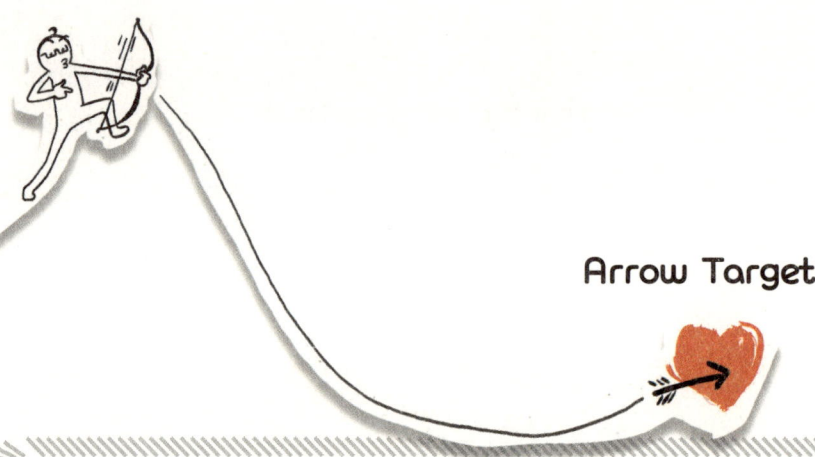

Arrow Target

send~ into ~

보내다(send)의 힘은 앞으로 미는 힘이다. 힘의 연속성 측면에서, send의 목적어가 나오고 그 목적어가 미는 힘을 받아서 전진하는 것이므로 전치사 가운데 힘의 흐름이 맞는 to나 into가 이어진다.

I will send my son to school.
(나 ▶ 할 것이다 ▶ 보내다 ▶ 나의 아들 ▶ 목적지는 ▶ 학교.)

영어가 이처럼 주어에서 순서대로만 이해하면 술술 쉽게 풀리는 언어라는 것이 고마울 뿐이다.

13

영어는 동영상이다.

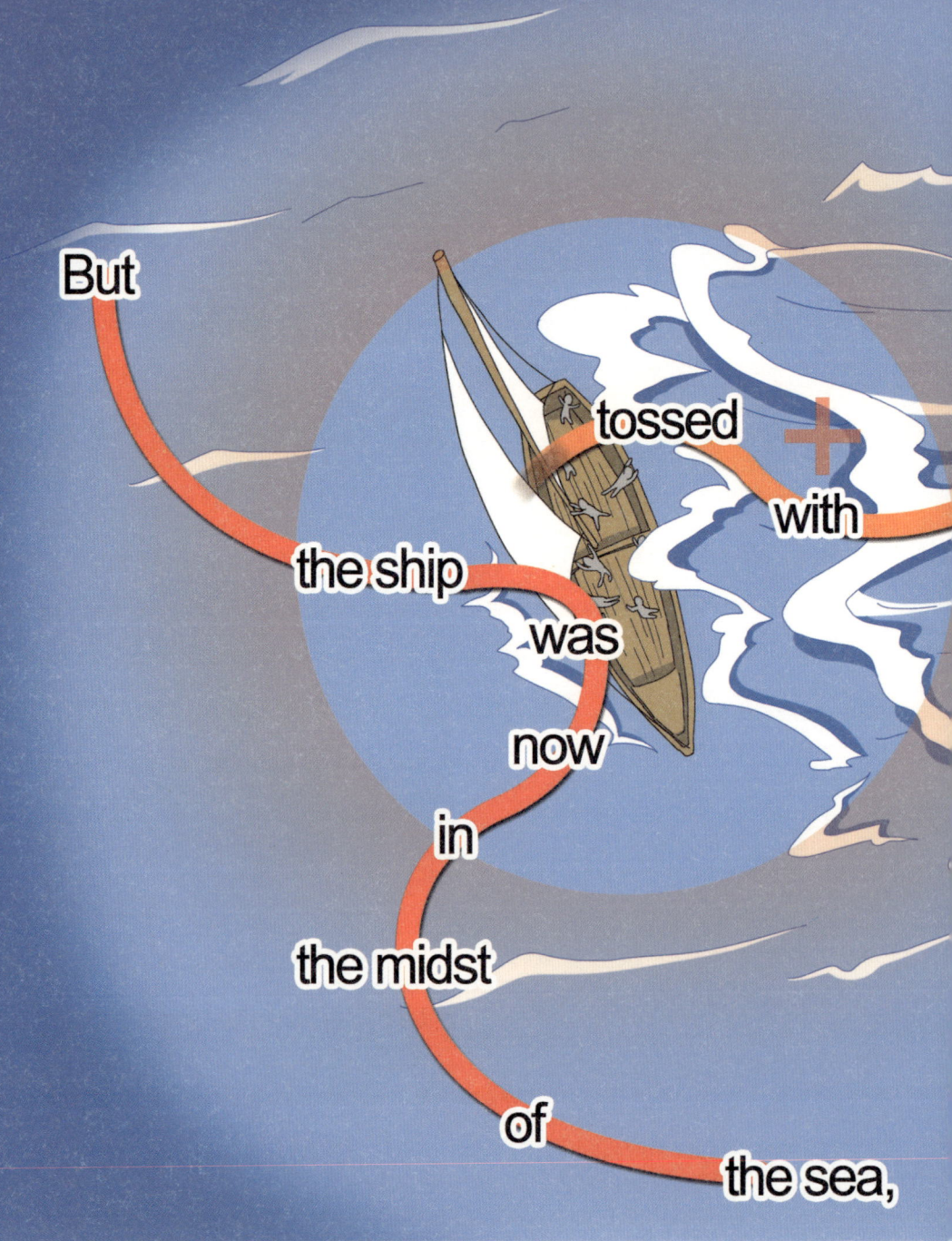

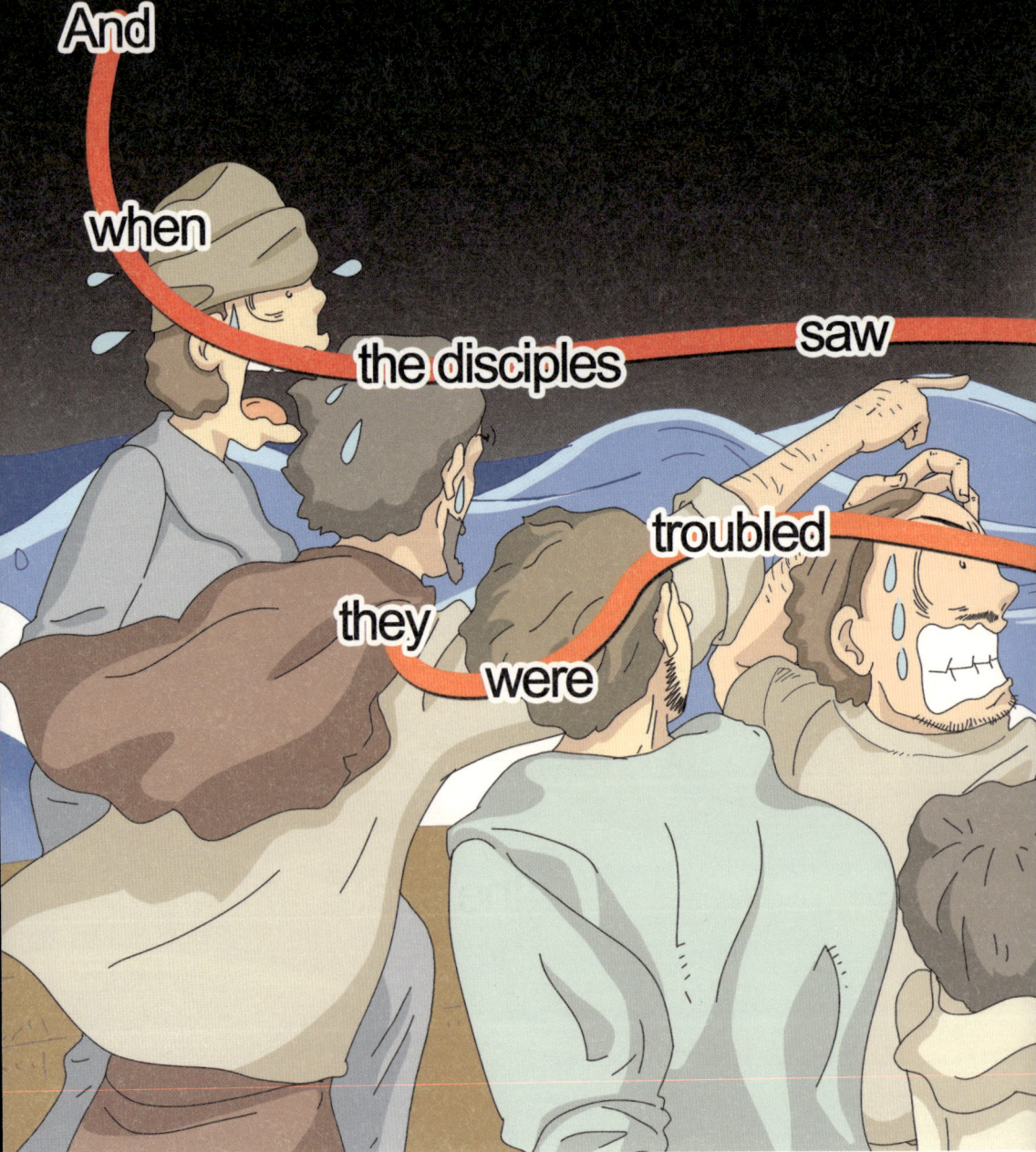

And when the disciples saw him walking on the sea, they were troubled, saying, It is a spirit; and they cried out for fear. 마태복음 14:26

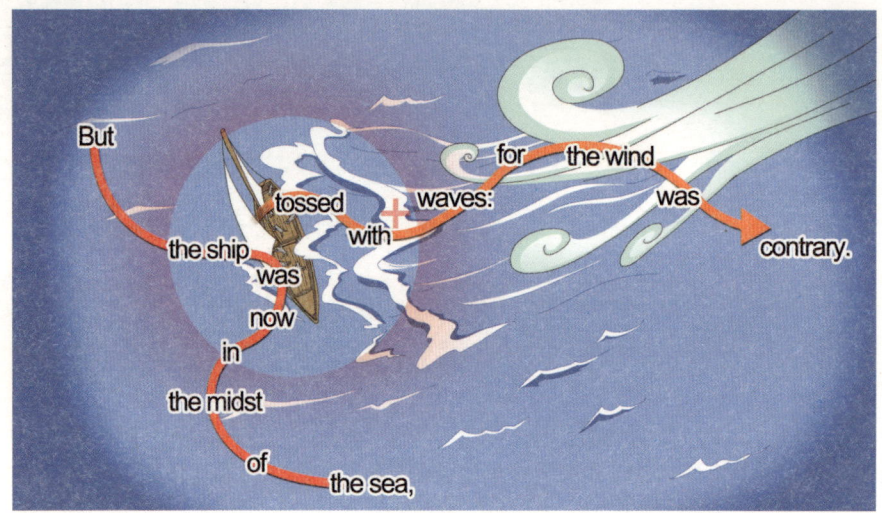

But the ship was now in the midst of the sea, tossed with waves: for the wind was contrary.

그러나 ▶ 그 배 ▶ 였었다 ▶ 이제 ▶ in ▶ 한 가운데 ▶ of ▶ 바다, tossed ▶ with ▶ 파도들: for ▶ 바람 ▶ 였다 ▶ 반대로

앞부분은 in과 of 전치사만 원어민의 아래 방식 그대로

in '안에 있고, 둘러싸고 있는 것은', of '연결되어 있는 것'은 이라고 대입시키면 바로 이해가 될 것이다.

그리고 이제 좀 신경을 써야 할 부분이, **toss+ed** 이다.

toss 는 '**흔들다**'이다. 그런데 이처럼 문장이 다 마무리 된 뒤에, '**동사+ed**' 가 이어지면, 힘을 받는 다는 내용이고, 병렬로 문장을 늘여 가는 방식임을 기억하자.

이처럼 문장이 마무리 된 뒤에 이어서 사용된 '**동사+ing**' '**동사+ed**' 는 접속사를 굳이 쓰지 않고서도 바로 문장에서 병렬로 문장을 늘리는 아주 간편한 방식이다. 기존에는 아마 분사구문이라고 배웠을 것이다. 그런 방식으로는 절대로 영어를 쉽게 이해할 순 없다. 동시에 벌어지는 내용이 뭔지를 간단히 설명한다고 생각하면 손쉽다.

그렇다면 주어는 생략되었지만, 앞의 배가 흔들림을 당하고 있는 것이 된다. 그리고 **with** 함께한 대상은 파도들이다. **For** '목표가 되는 이유가 되는 바는 ~ 바람'이였고 상태는 반대로였다.

The ship was now in the midst of the sea ✚ tossed with waves.

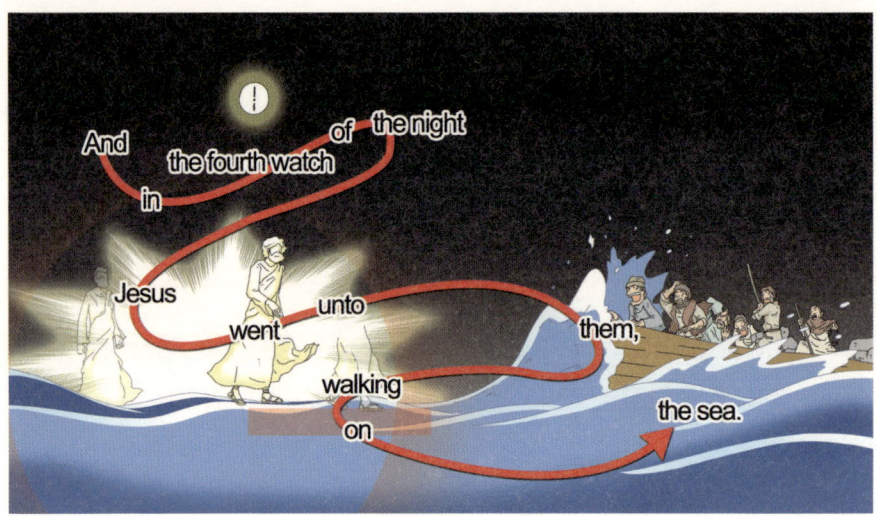

And in the fourth watch of the night Jesus went unto them, walking on the sea.

그리고 ▶ in ▶ 사경 ▶ of ▶ 밤, 예수님 ▶ 갔다 ▶ unto ▶ 그들, walking ▶ on ▶ 바다.

앞 부분은 간단히 아래 전치사만 집어 넣으면 바로 이해가 마무리 된다.

in - (안에 있고) 둘러싸고 있는 것은
of - 연결되어 있는 것은
unto - 나아가서 만나는 대상은

Jesus went unto them ✚ walking on the sea.

Walking 은 그림에서 보면, 제자들이 걷는 것이 아니고 앞 문장의 주어인 예수님께서 걷고 있으신 것을 알 수 있다. 그렇다면, 바로 이번에도 병렬로 문장을 늘이는 방식을 쓴 것이다. 그렇게 걸어서 가시는데, **on**(면으로 접하는 대상은) 바다 이다.

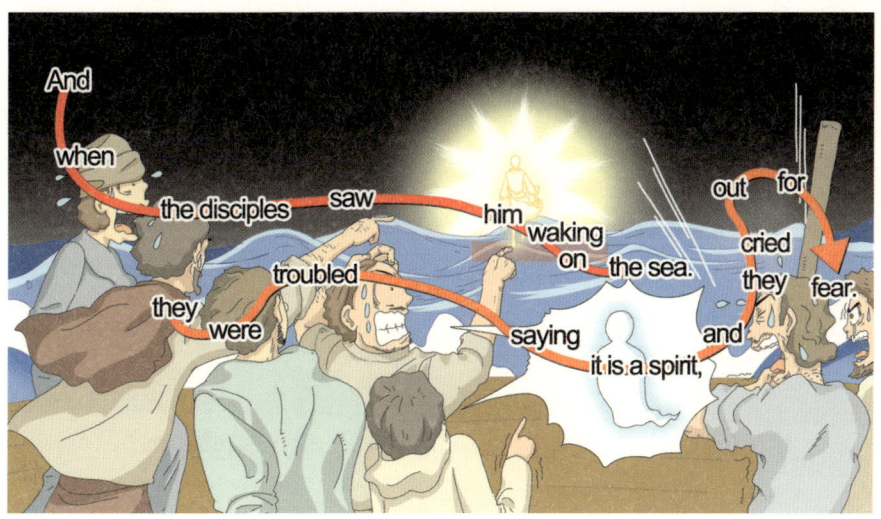

And when the disciples saw him walking on the sea, they were troubled, saying, It is a spirit; and they cried out for fear; and they cried out for fear.

그리고 ▶ when ▶ 제자들 ▶ 보았다 ▶ 그 ▶ walking ▶ on ▶ 바다, 그들 ▶ 였다 ▶ 불안해하다 ▶ saying ▶ 그것 ▶ 이다 ▶ 영 ▶ 그리고 ▶ 그들 ▶ 소리 쳤다 ▶ 밖으로 ▶ 목표로 하는 이유는 ▶ 두려움

When은 '그 때 벌어지는 일은 ~'이라고 이해하면 된다. 그때 벌어진 일은 제자들이 보았는데, 대상은 예수님이셨다. 그리고 Him 그 분 뒤에 등장하는 walking 은 명사에서 이어서 빠진 곁그림이다. 그 분이 걸으시는 것이다. 그럴 때 힘의 연속으로 발이 면으로 닿아야 하니 on 을 이용해서 그 대상이 바다임이 나온다.

그리고 뒤에 등장하는 saying 은 문장이 끝나고 나오는 '동사+ing'이기에, 앞에 제자들 they 를 주어로 해서 병렬로 말이 늘여지는 문장이다. 제자들이 말한 내용이 이어진다.

영어다운 영어를 만든다는 것은 그리 어려운 일이 아니다. 단지 한편의 동영상을 생각해보고 주어에서부터 순서대로 말을 만들어 보면 된다. 자! 방금 배운 바를 생각해보자. 예수님이 바다 위를 건너시는 상황인데 시작을 배로 시작했다. 아래의 그림과 동선을 참조해서 머릿속에서 그림을 그려가며 동영상을 만들어 보자.

한편의 동영상이 완성 되었나요?

영어를 한다는 것은
대단한 것도, 어려운 것도 아닙니다.

    영어 회화나 영작이 우리말 문장을 토씨 하나 안 바꾸고 옮기는 것이 아닙니다. 먼저 내가 표현하고자 하는 내용을 머릿속에 영상으로 재구성해보고, 그 영상을 주어에서부터 가까운 순서대로 차근차근 한 단어 한 단어 늘어놓는 식으로 말하면 됩니다. 사실 여러분이 기존에 암기했던 숙어들도 모두 영미인들이 그런 표현을 즐겨하기 때문에 만들어진 말들입니다.

    원어민식 이해, 즉 애로우 잉글리시적 이해의 근본 원리는 본그림과 곁그림을 순리적 언어감각에 의해 나오는 대로 한마디씩 자연스럽게 읽어가면서 그림을 그려 나가는 것입니다.

　그렇게 함으로 전체 흐름 파악을 훨씬 용이하게 만들고 그 결과 영어 읽기 속도가 빠르게 증가되며, 듣기와 말하기, 쓰기까지 한꺼번에 실력이 늡니다. 다시 한번 강조드리는 바는, 본그림 그리기와 곁그림 그리기 방식을 통해 자연스럽게 단어가 나열된 순서대로 이해해가는 것이며, 이는 한 단어 한 단어를 원어민의 언어사고대로 주어에서부터 순서대로 차근차근 나아가는 원리를 터득함으로써 가능하다는 것입니다.

　그렇다면, 더 배울 게 없어 하산하는 단계는 어떤 경지인가? 바로 이런저런 계산 없이 무심코 읽어나가는 중에 자연스럽게 본그림 그리기와 곁그림 그리기 두 감각이 어우러지는 것입니다. 이렇게 되어야만 실전에서 내용만 신경을 쓰면서 영어로 생각하고 영어로 대화할 수 있습니다.

　이러한 영어의 동영상적인 특징을 잘 나타내주는 **"You raise me up"**이란 노래로 마무리를 해봅시다.

14
You Raise Me

"You raise me up"

When I am down and, oh my soul so weary.
When troubles come and my heart burdened be.
Then, I am still and wait here in the silence
until you come and sit awhile with me

You raise me up, so I can stand on mountains.
You raise me up to walk on stormy seas.
I am strong when I am on your shoulders.
You raise me up to more than I can be.

You raise me up, so I can stand on mountains.
You raise me up to walk on stormy seas.
I am strong when I am on your shoulders.
You raise me up to more than I can be.

You → raise → me → up
당신이 ▶ 끌어 올린다 ▶ 나를 ▶ 위로

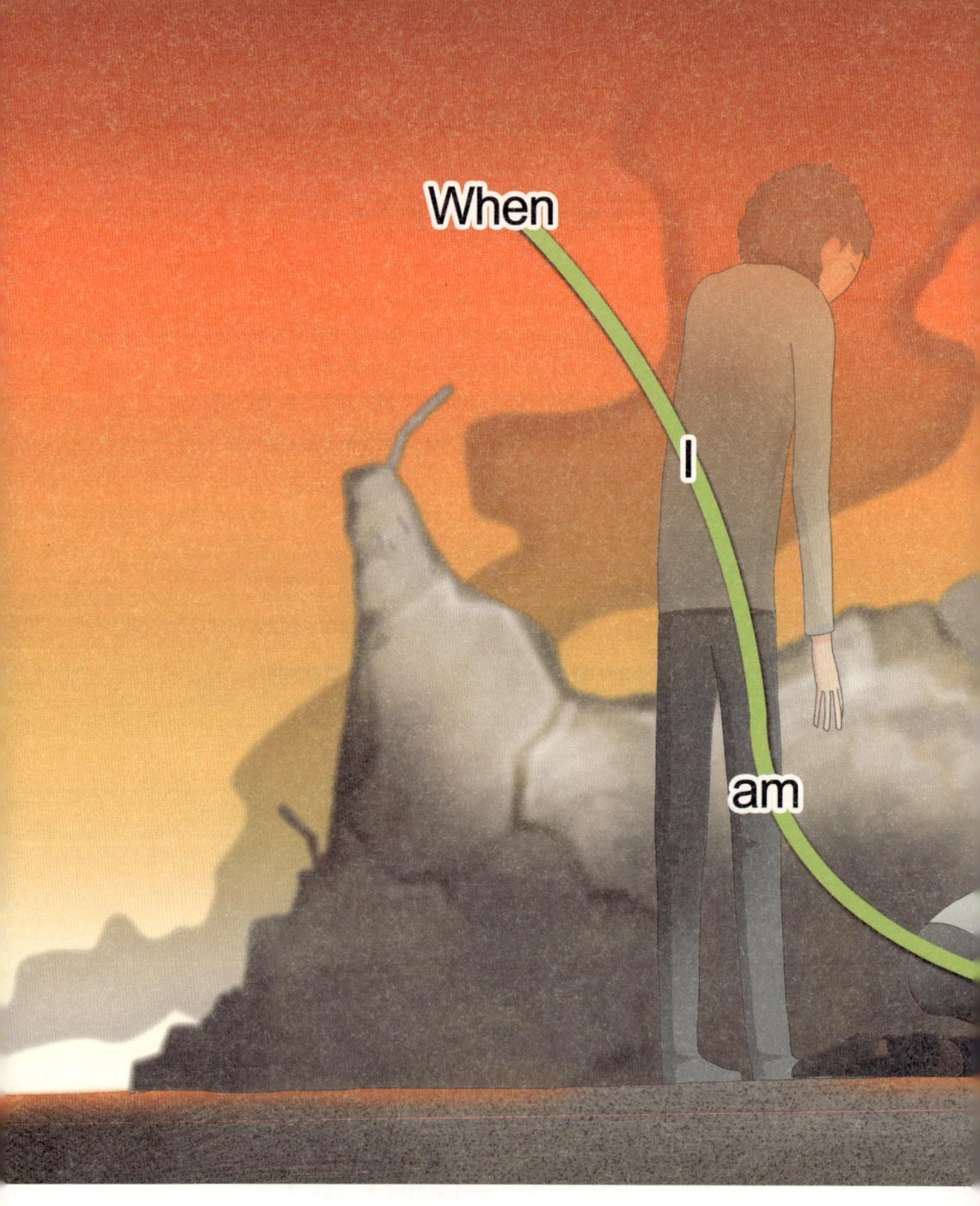

When → I → am → down
그때 벌어지는 일은 ▶ 나 ▶ 이다 ▶ 아래로 내려간 상태(낙담한 상태)

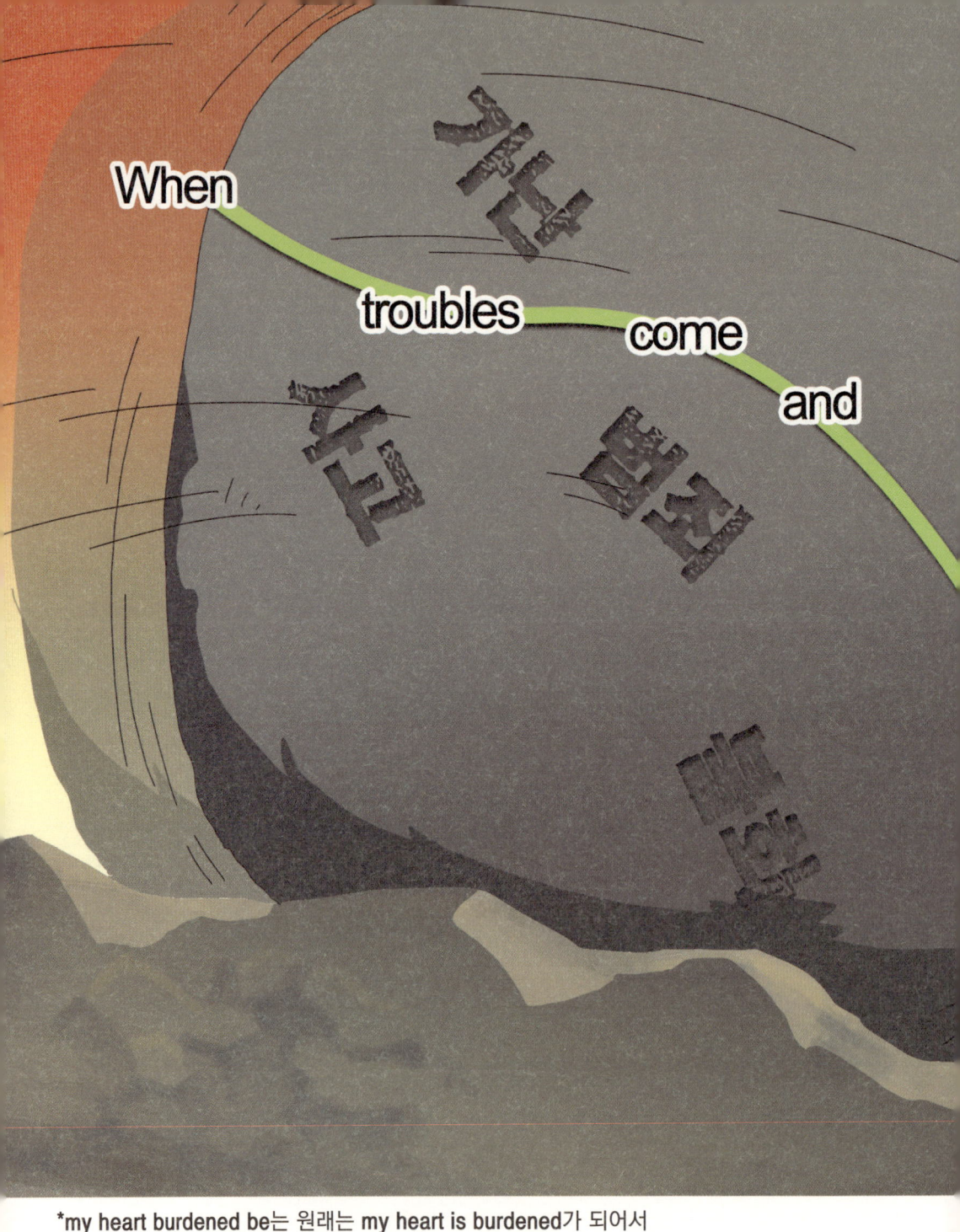

*my heart burdened be는 원래는 my heart is burdened가 되어서 '내 마음에 짐이 지워지다'란 의미이다.

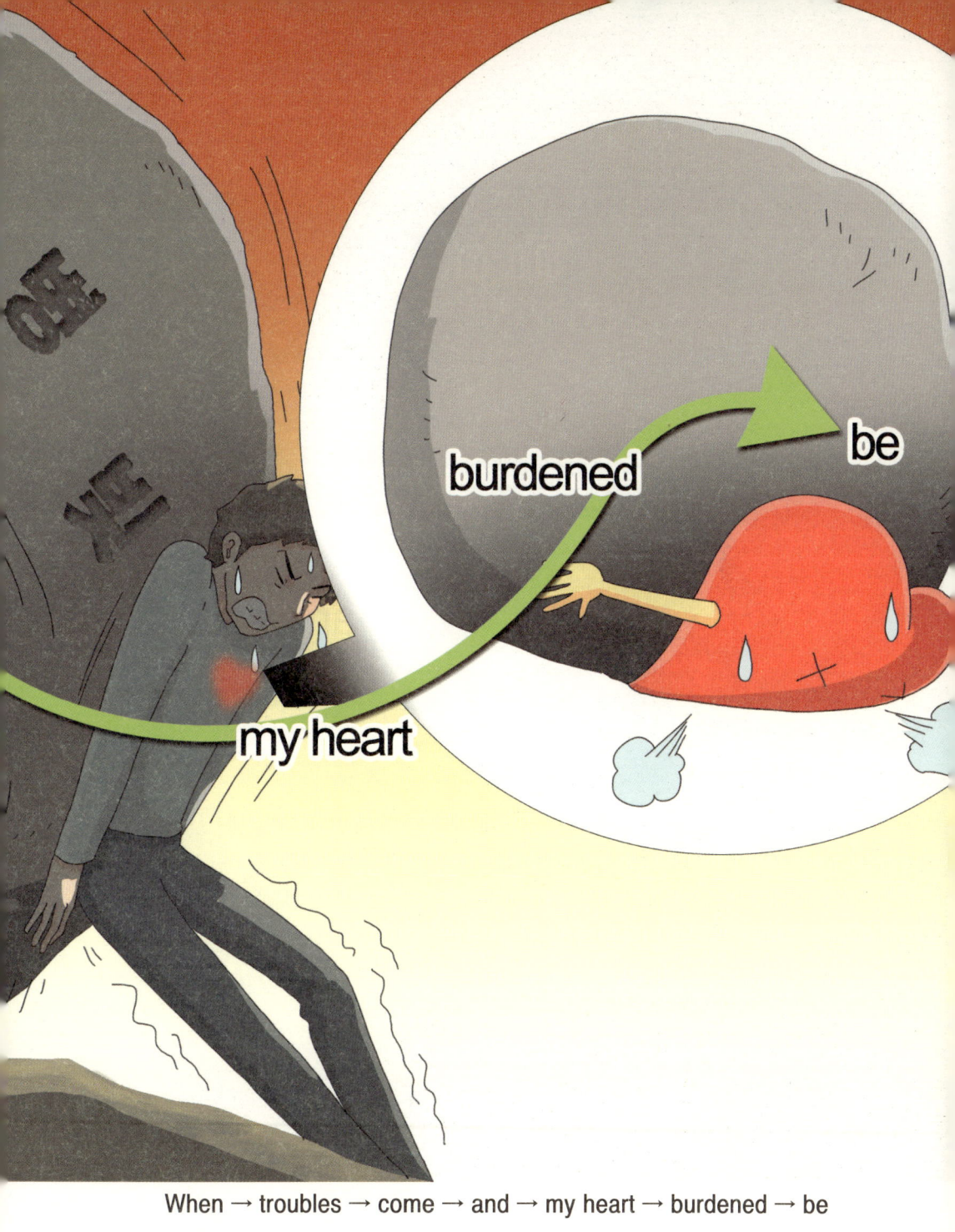

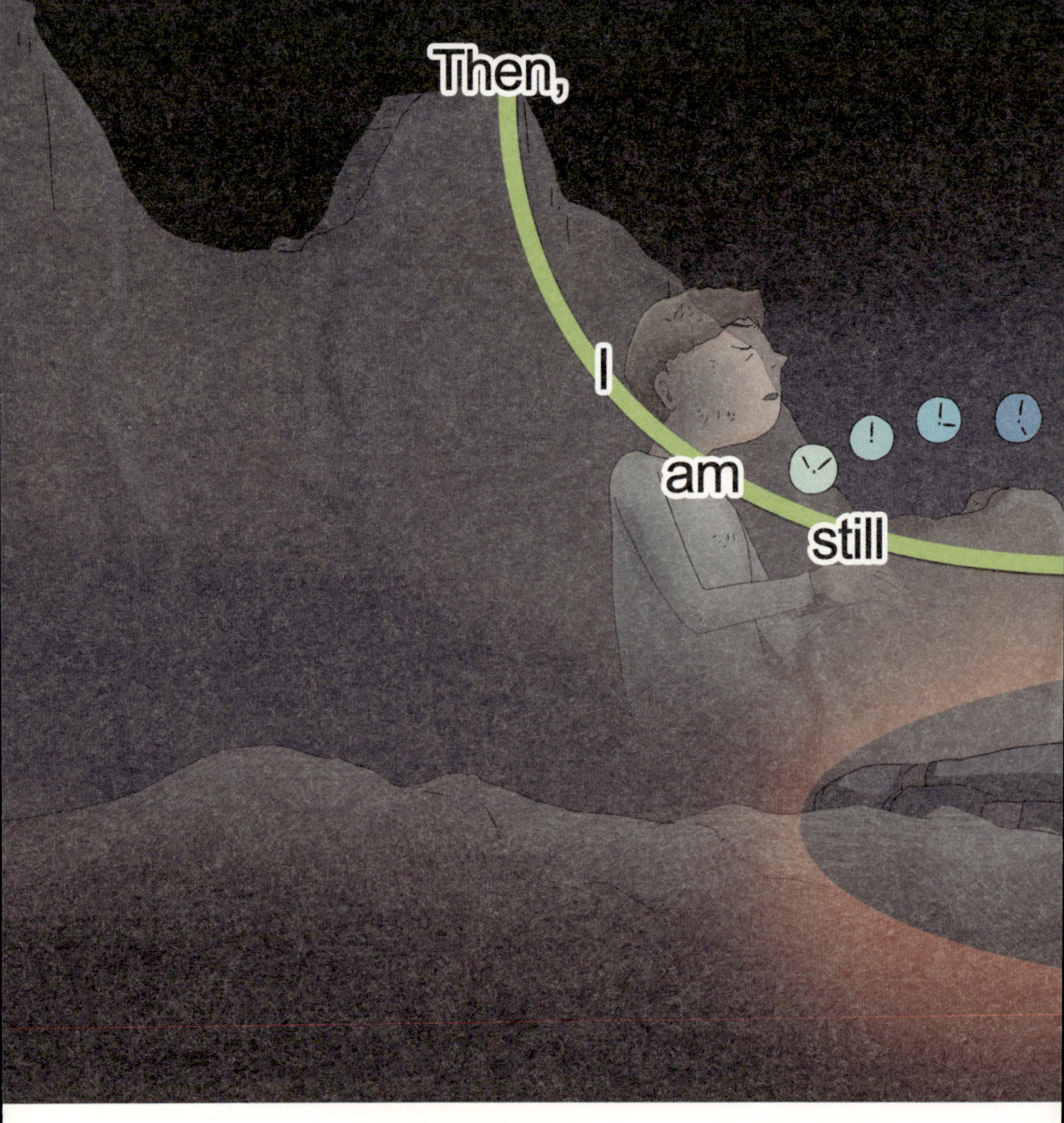

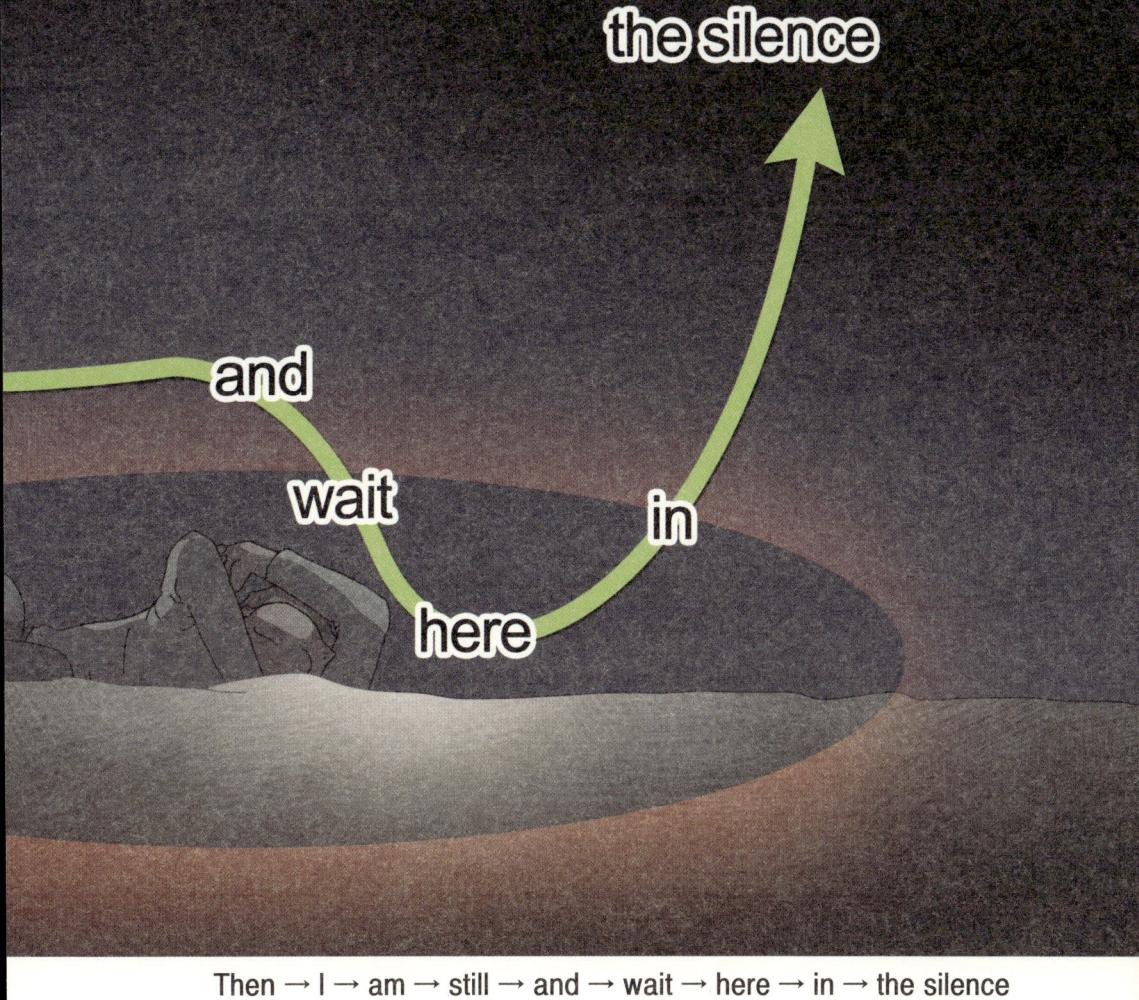

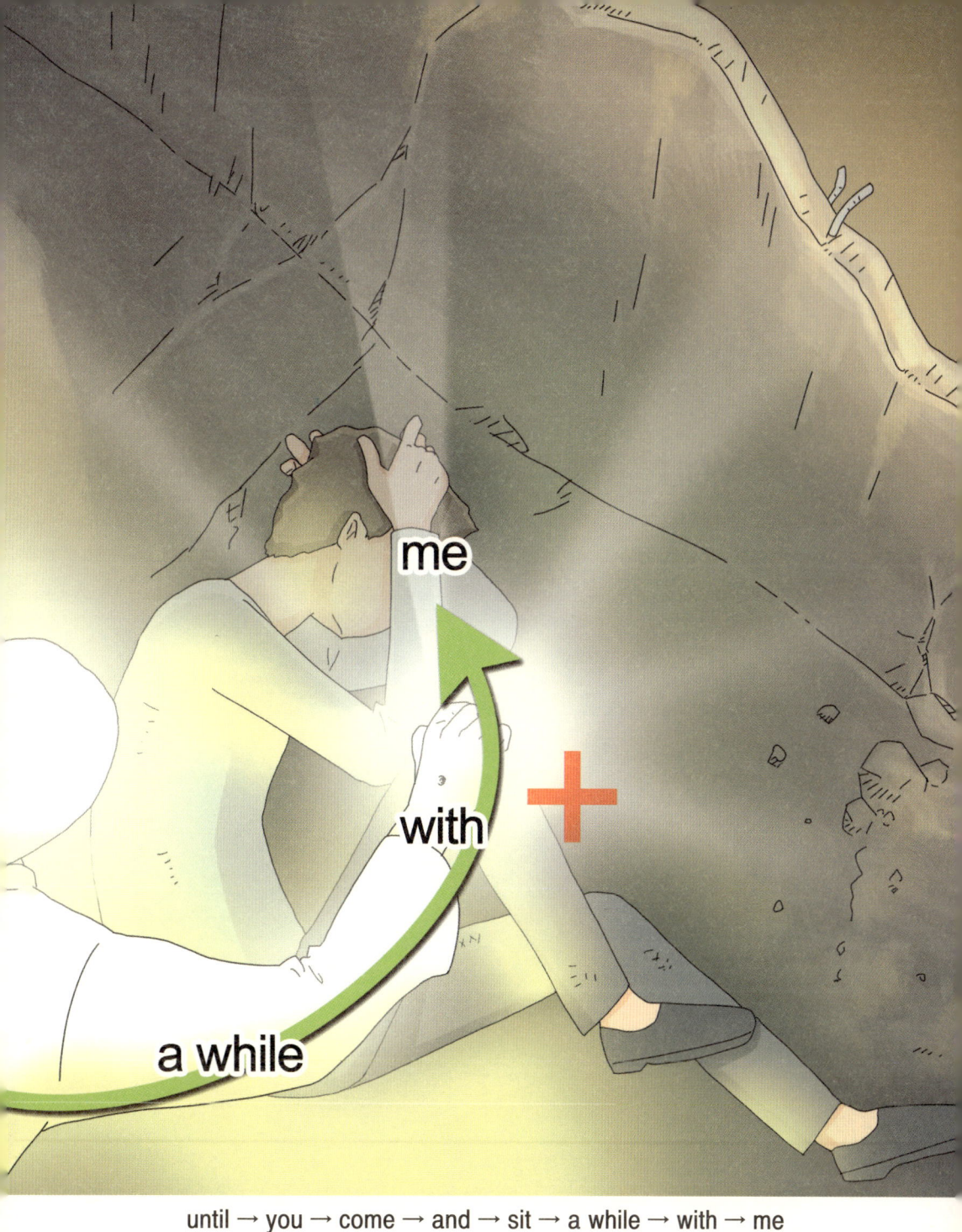

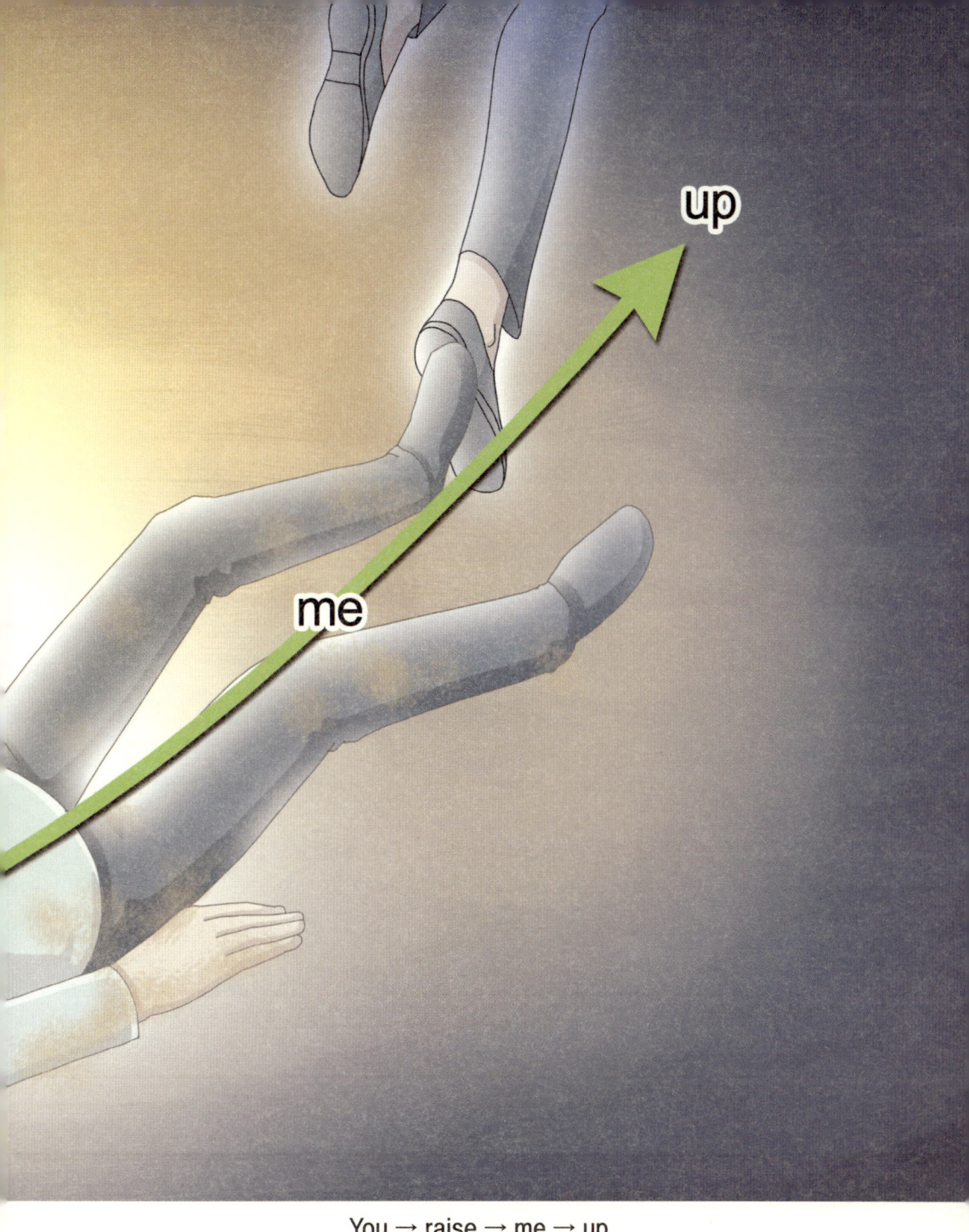

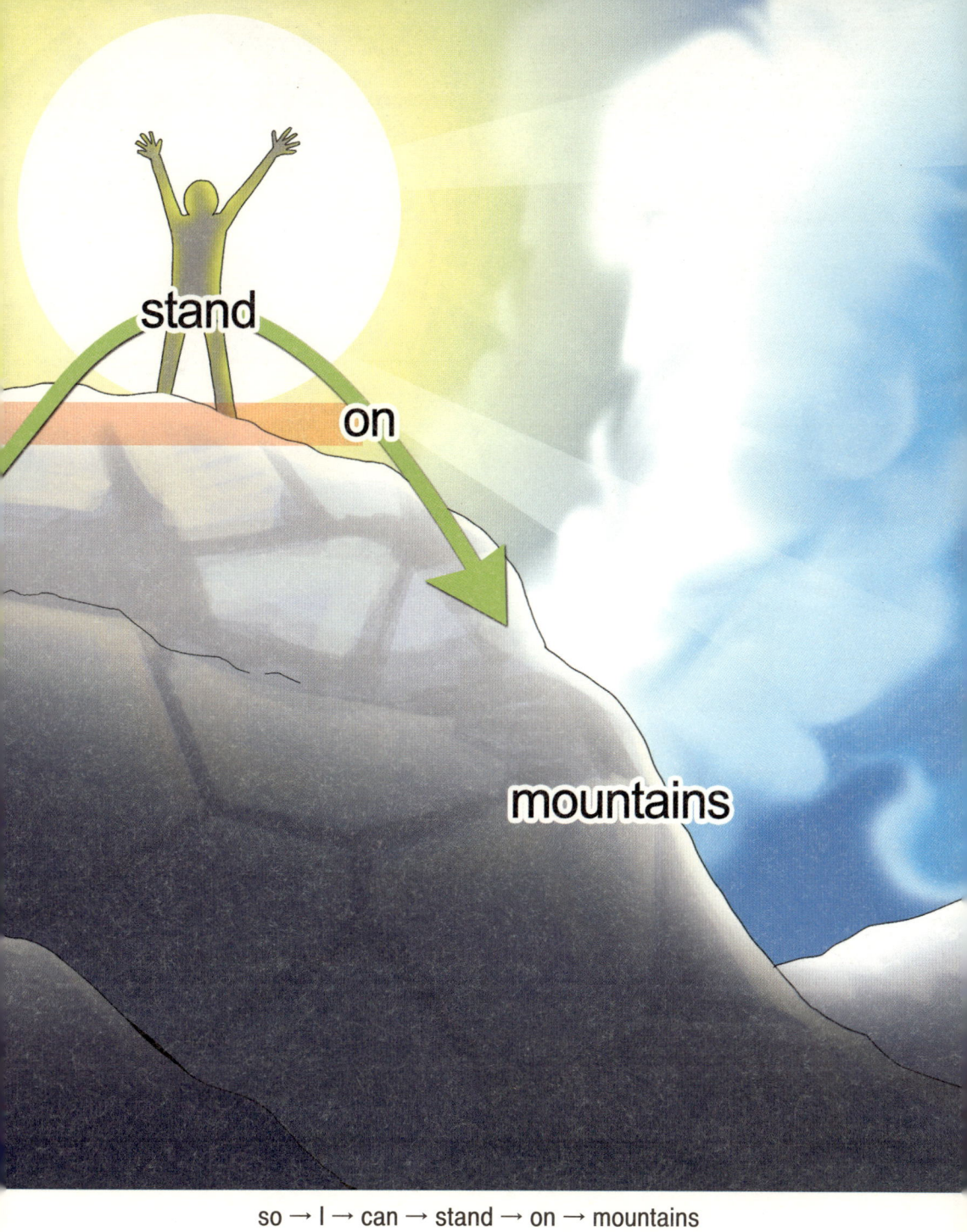

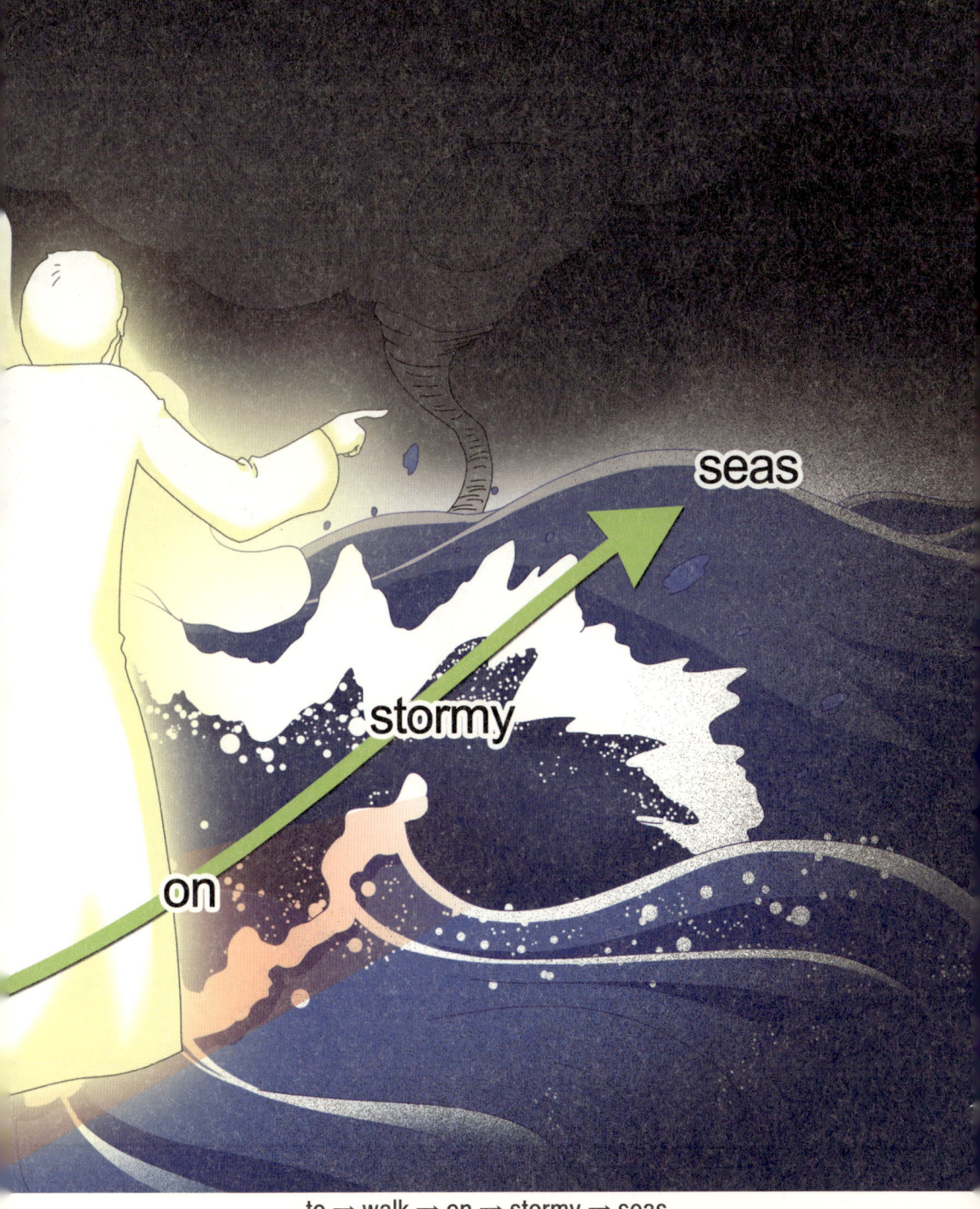

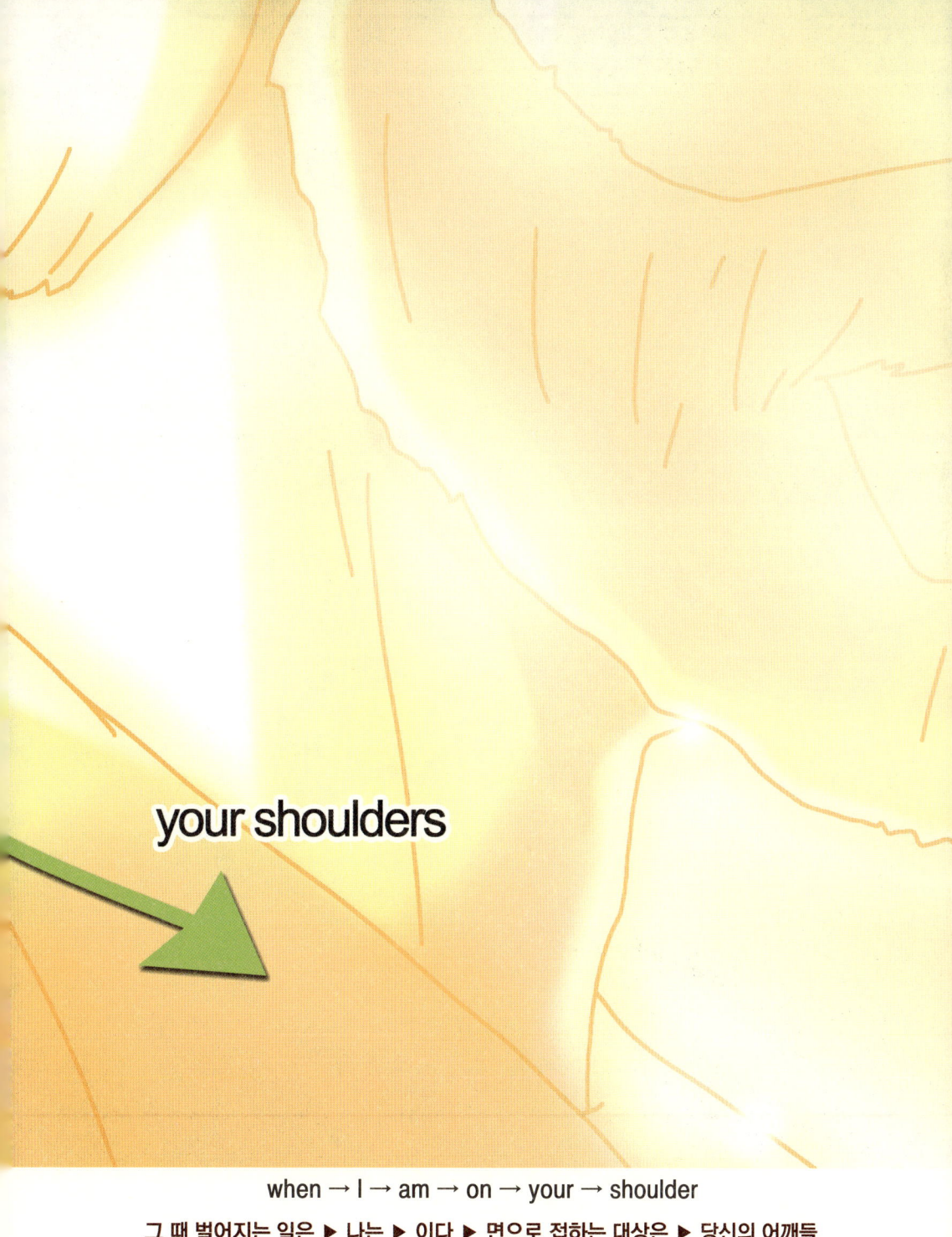

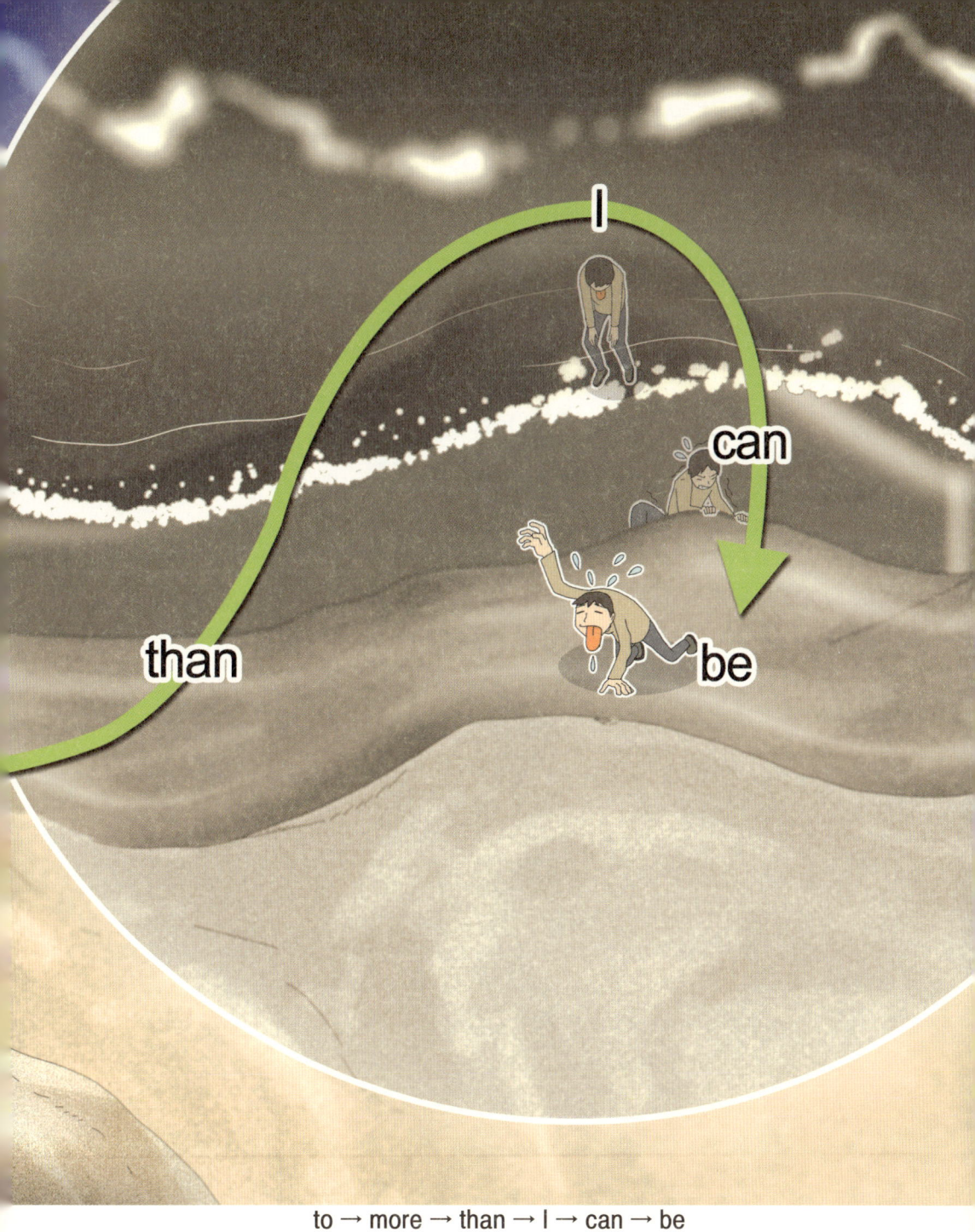

to → more → than → I → can → be

나아가 만나는 대상은 (이룬 일은) ▶ 더 많은 것들 ▶ 비교 대상은 ▶ 내가 ▶ 가능하여 ▶ 되는 바

앞에서 공부해 온 바가 이렇게 한 편의 노래로 마무리가 되었습니다. 노래를 문장 순서대로 이해해 나가보니 **You**가 다름 아닌 **우리의 구주 되시는 주님**이란 생각이 자연스럽게 들죠? 그렇습니다. 영어는 그렇게 상세하게 설명할 필요가 없습니다. 그냥 단어가 나오는 순서대로 그림과 연결시켜 나가면서 차근 차근 이해해 나가면 영어의 이해 문제가 자연스럽게 해결될 것입니다. 이처럼 원어민 사고로 영어공부를 하면, 성경도 찬송도 여러 노래들도 우리에게 더욱더 깊은 영적 유익을 줍니다.

이 모든 학습법을 한 문장으로 요약해서 마무리 하고자 합니다.

"영어는 주어에서부터 순서대로 움직이는 동영상이다!"

애로우 방식으로 영어 공부에 더욱 매진하여, 소원대로 영어 성경을 쉽게 이해하고 나아가 하나님께서 우리에게 주신 귀한 말씀이 믿음을 굳건히 세우는 데 도움이 되길 주님의 이름으로 소망합니다.

애로우 잉글리시 서울 강남 본원 및 전국 각지에서 공개강연회 진행중!

NOW!

서울 강남 본원
TEL 02)422-7505

서울 강남구 역삼동 831-24
예미프레스티지빌딩 3층

인천 센터
TEL 070-7013-7507

인천시 남동구 구월동 1128-1
아트뷰주상복합 4층 402호

전주 센터
TEL : 063) 243-0579,

전주시 덕진구 우아동 2가 860-6번지 4층
4호(아중리 노동청사 부근)

부산 센터
TEL : 051) 807-7505

부산광역시 부산진구 부전동 261-9
유당빌딩 3층

대구 센터
TEL : 053) 745-7505

대구시 동구 신천동 337-8번지 2층
AE대구센터 (동대구역 7분 거리)

대전 센터
TEL 042) 222-7505

대전시 중구 선화동 280-2 대제빌딩 2층
(중구청역 5~6분 거리)

광주 센터
TEL : 062) 365-7505

광주광역시 동구 필문대로 136
경원빌딩 3층

애로우 잉글리시 신간!

이 책을 이런 학생들에게 추천합니다

- 읽는 속도가 느려 시간 안에 문제를 다 못 풀어요!
- 막연하게 읽기는 되는데 핵심이 파악이 안돼요!

- 책을 꼼꼼히 읽는 것만으로도 10점 이상 점수 올리는 비법 터득!
- 실전에서 어떤 문제라도 적용 가능한 진정한 독해기술 총망라!